SPRACHE *gestalten*

R 5

Sprachbuch Deutsch
Jahrgangsstufe 5

Herausgegeben von Hans Hertel

Verfasst von Hans Hertel, Anne-Rose Hofmann, Iris Kaulich, Peter Rehfeld, Herbert Woerlein, Hans Wunderlich

Illustriert von Pia Eisenbarth, Hans-Jürgen Feldhaus und Eva Czerwenka

Oldenbourg
C. C. Buchner

Legende

✶ 1 ✶ d Zusatzaufgabe zum weiteren Üben und Vertiefen der Lerninhalte oder als Alternative zu den anderen Aufgaben

Vorschlag zur Zeiteinteilung (1 Wecker = 1 Unterrichtsstunde)

✶ ✶ Partnerdiktat: Diktierabschnitt

Tipp- und Ergebniskasten

informierender Einstiegskasten

Regelkasten

Erklärung einer Textsorte

▶ G Querverweis auf Grammatik

▶ R Querverweis auf Rechtschreiben

▶ inhaltlicher Querverweis

Der Fehlerteufel zeigt dir, dass diese Texte Fehler enthalten und verbessert werden müssen.

Max und Lena zeigen dir das Grundwissen der 5. Jgst.

Dieses Werk folgt der reformierten Rechtschreibung und Zeichensetzung.

1. Auflage 2007 R06

Druck 10 09 08 07
Die letzte Zahl bezeichnet das Jahr des Drucks.

Alle Drucke dieser Auflage sind untereinander unverändert und im Unterricht nebeneinander verwendbar.

Das Papier ist aus chlorfrei gebleichtem Zellstoff hergestellt, ist säurefrei und recyclingfähig.

Umschlagkonzept: Mendell & Oberer, München
Umschlaggestaltung: Lutz Siebert-Wendt
Lektorat: Ruth Bornefeld
Herstellung: Christa Neukirchinger
Illustrationen: Eva Czerwenka; Pia Eisenbarth, Schwabenheim; Hans-Jürgen Feldhaus, Münster
Satz und Reproduktion: Franzis print & media GmbH, München
Druck: Landesverlag Druckservice, Linz

Oldenbourg ISBN 978-3-486-**82175**-8
ISBN 978-3-637-**82175**-0 (ab 1.1.2009)

C. C. Buchner ISBN 978-3-7661-**3725**-8

Inhalt

Hallo, liebe Schülerinnen und Schüler! Ich bin Waschbär Wuschel und begleite euch durch dieses Buch!

Neu an der Schule

Was hast du empfunden, als du deine Mitschülerinnen und Mitschüler zum ersten Mal gesehen hast? An einer neuen Schule begegnet man gleich am ersten Tag vielen neuen Menschen, von denen man meist nicht viel mehr weiß als den Namen. Wenn man jemanden kennenlernt, ist es oft gar nicht so leicht, mit ihm oder ihr ins Gespräch zu kommen. Vielleicht fällt es dir zunächst auch schwer, deinen neuen Mitschülerinnen und Mitschülern von dir zu erzählen. Das folgende Kapitel soll euch helfen, einander besser kennenzulernen.

Sich vorstellen

Alle haben bestimmte Erwartungen an die neue Schule. Manche sind gespannt auf die Mitschülerinnen und Mitschüler und wollen sich mit ihnen schnell anfreunden, andere möchten sich sofort im Schulgebäude gut auskennen. Auf den nächsten Seiten findet ihr praktische Hinweise.

1 Das Kennenlern-und Erzähl-was-Spiel

Spielregel: Die Spielgruppe sitzt im Kreis. Ein Spieler oder eine Spielerin hat einen Ball, wirft ihn jemandem zu und stellt dabei eine Frage. Der oder die Angesprochene antwortet und erzählt.
Überlegt euch einige Fragen! Ihr könnt die Fragen auch an die Tafel schreiben oder auf den Ball kleben.
Beispiele: *Hast du ein Lieblingsbuch?*
Was hast du in den Ferien gemacht?
Was war das Tollste, das du an deiner alten Schule erlebt hast?
Was findest du besonders gut an dir? …

Sammelt Fragen, spielt und erzählt!

2 In der neuen Klasse

a Welche Gedanken gehen den Kindern durch den Kopf?

b Sprecht über eure eigenen Erfahrungen in der neuen Schule!
- Welches Gefühl hattet ihr am Abend vor dem ersten Schultag?
- Was habt ihr in der Schule Neues gesehen?
- Woran habt ihr beim ersten Gang ins neue Klassenzimmer gedacht?
- Welche Wünsche habt ihr an eure Lehrerinnen und Lehrer?

c Schreibe einen Tagebucheintrag über deinen ersten Schultag. Nur wer möchte, liest vor.

3 Sich näher kennenlernen

Name: ...
Geburtstag: ...
Ich wohne in: ...
Geschwister: ...
Am liebsten mag ich: ...
Nicht ausstehen kann ich: ...

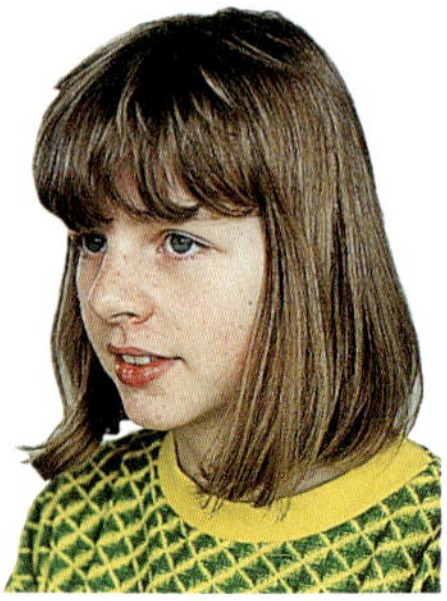

a Schreibe einen ähnlichen Stichwortzettel über dich, beschränke dich auf das Allerwichtigste!

b Tauscht die Stichwortzettel aus und stellt die beschriebene Person ohne Namensnennung vor! Findet heraus, wer gemeint ist!

c Schreibe deinen Stichwortzettel zu einem kurzen Text um und gestalte eine DIN-A4-Seite zu deiner Person mit selbst gemalten Bildern, Fotos ...!

***d** Für eure Klasse könnt ihr mit den Beschreibungen eine Vorstellungswand gestalten, ein „Who is who" („Wer ist wer"). Vergleicht die Ergebnisse! Gibt es Schüler/innen, die gleiche Interessen oder Hobbys haben?

✶ 4 Der „Baum der Wünsche"

Am ersten Schultag in der Realschule stehen vor der Tür in der Aula für jede neue Klasse drei kleine Bäumchen, wie ihr sie auf Seite 5 seht. Die neuen Schülerinnen und Schüler schreiben ihre Wünsche zum neuen Schuljahr auf Zettel und hängen sie an das erste Bäumchen. Ihre Eltern und die Lehrerinnen und Lehrer hängen ihre Wunschzettel jeweils an das zweite und dritte Wunsch-Bäumchen.

a Wünsche der Schülerinnen und Schüler

Ich wünsche mir freundliche Lehrer.

Ich wünsche mir, dass ich bald eine nette Freundin finde.

Schreibe deinen Zettel!

b Wünsche der Eltern

Meine Tochter soll sich in der neuen Klasse wohlfühlen.

Hoffentlich gewöhnt sich mein Sohn schnell an die neue Schule.

Ich will verständnisvoll sein, wenn mal eine Arbeit danebengeht.

Für die Lehrerinnen und Lehrer sollten nicht nur die Noten wichtig sein.

Ich wünsche mir, dass auf dem Schulweg kein Unfall passiert.

Vergleicht eure Wünsche mit denen eurer Eltern!

c Auch die Lehrkräfte gehen mit guten Vorsätzen ins neue Schuljahr:

Ich will die Eltern bald in die Schule einladen und gut mit ihnen zusammenarbeiten.

Ich wünsche mir verständnisvolle Eltern, wenn es mal ein Problem gibt.

Vor allem brauchen die Kinder viel Zeit, um keine Angst vor der Schule zu haben.

Ich möchte meine Schülerinnen und Schüler mehr loben.

Mit den Fünftklässlern will ich viel Geduld haben.

Welche der Vorsätze sind für euch besonders wichtig?

d Was hast du dir für das neue Schuljahr vorgenommen? Vergleicht eure Vorsätze!

e Ihr könnt in der Klasse ein großes Plakat gestalten, auf dem alle eure Wünsche Platz finden:

Wir wünschen uns	Wir nehmen uns vor
...	...

5 „Jetzt red i . . .“

Ich bin ich und du bist du,
wenn ich rede, hörst du zu!
Wenn du redest, bin ich still,
weil ich dich verstehen will.
Alles klar?!

a Wie soll man sich im Gespräch verhalten?

b

Sollte man so miteinander sprechen?

c Formuliert Gesprächsregeln! Schreibt sie auf ein Plakat, nachdem ihr euch geeinigt habt, welche in eurer Klasse gelten sollen! Ihr könnt sie auch am PC schreiben und dann ins Heft einkleben.

Unsere Gesprächsregeln:

Wir hören den anderen zu.
Wir melden ...
Wir ...

d An folgenden Themen könnt ihr eure Gesprächsregeln einüben: Gestaltung des Klassenzimmers, Änderung der Sitzordnung, Ziel des nächsten Wandertages ...

6 Streit um die Sitzordnung

Ich bleibe ganz hinten, da sieht mich der ... nicht, wenn ich Quatsch mache.

Ich bleibe sitzen. Ich war zuerst da, sonst ...!

Bitte, bitte, ich will neben meine Freundin, ich will, ich will da hin! Ich kann die ... nicht leiden!

Muss ich mich wirklich neben diese ... setzen?

Ich will nicht neben den. Neben einen Jungen setze ich mich nicht! So ein ...!

a Was empfindest du, wenn dich jemand so behandelt? Wie verhältst du dich?

b Wie könnte der Streit um einen Sitzplatz anders gelöst werden? Erprobt es im Rollenspiel!

c Wie kann jeder von euch dazu beitragen, dass ihr eine Klassengemeinschaft werdet? Besprecht, was ihr euch von euren Mitschülerinnen und Mitschülern erwartet!

***d** Haltet eure Einfälle an der Tafel fest und gestaltet ein Plakat!

Was ich erwarte	Was mich stört
...	...

Sich im Schulhaus orientieren

1 Kennt ihr euch schon aus?

a Wie können die Probleme der Schüler und Schülerinnen gelöst werden?

b

Wie kann man es besser machen?

***c** Spielt die Szenen!

✶ 2 Vorschlag für eine Schulrallye

- Bildet Gruppen!
- Überlegt euch Fragen und stellt sie in einem Fragebogen zusammen!

  Beispiel: *Wie heißt die Sekretärin?*
  Wo finde ich das Konrektorat?
  Wie heißen die Schülersprecher/innen?
  In welchem Stockwerk befindet sich die Schülerbücherei? …
  Nach wem ist die Schule benannt?

- Klärt in euren Gruppen, welche Fragen ihr noch aufnehmen, ergänzen, weglassen oder ändern wollt!
- Besorgt euch einen Gebäudeplan!
- Beantwortet eure Fragen anhand des Gebäudeplans und durch Erkundungen im Schulhaus!
- Überprüft alle Antworten auf ihre Richtigkeit, bevor ihr die Fragen einer Gruppe zur Lösung vorlegt!
- Bewertet die richtigen Antworten mit Punkten und stellt fest, welche Gruppe gewonnen hat!
- Eure Tutoren/Tutorinnen oder ältere Schüler/innen helfen euch bestimmt bei der Ausarbeitung der Rallye.

▶ G S. 128, Satzarten

✶ 3 Der Weg zum Klassenzimmer

a Erklärt euren Eltern den Weg zur Elternversammlung im Klassenzimmer!

b Gestaltet eine Tafel im Eingangsbereich eurer Schule, auf der ihr den Weg skizziert!

c Erstellt eine Skizze, auf der der Weg zum Klassenzimmer erklärt wird, und beschriftet sie! Legt die Skizze der Einladung des Klassleiters/der Klassleiterin an eure Eltern bei!

✶ 4 Vorschlag für ein Infoblatt über die Schule

- Überlegt in Gruppen, was die neuen Schülerinnen und Schüler im nächsten Schuljahr unbedingt gleich wissen müssen. Notiert euch, welche Informationen ihnen den Anfang in der Realschule erleichtern können!

- Einige Arbeitsgruppen stellen ihre Ergebnisse vor. Vergleicht und überprüft sie!
  Tipp: Versetzt euch in die Lage der Neuen.
  – Habt ihr euch gleich zurechtgefunden?
  – Gab es Schwierigkeiten?
  – Besprecht, wie es euch ergangen ist!

- Im Schulgebäude begegnet ihr immer wieder diesem Zeichen  (Fluchtweg). Informiert euch auch über das Verhalten bei Feueralarm! Ihr könnt die Sicherheitsbeauftragte oder den Sicherheitsbeauftragten der Schule fragen!

- Was soll in euer Infoblatt kommen? Was kann am besten mit einem Bild oder mit einer Skizze, als Liste oder Tabelle dargestellt werden? Braucht ihr einen Text? Was sollte man fotografieren? Wie groß soll die „Schulinfo“ sein? Soll sie auch ausgehängt werden?

- Wer kann mit dem PC umgehen und die Gestaltung übernehmen?

- Fragt den Schulleiter/die Schulleiterin, ob ihr bei der Anmeldung fürs nächste Jahr euer Infoblatt austeilen dürft!

Abenteuer Lesen

Ein Buch kann dich so fesseln, dass du alles um dich herum vergisst und nur noch einen Wunsch hast: das Buch zu Ende zu lesen. In Büchern kannst du alles finden, was dich beschäftigt und was dir gefällt: Abenteuer, Informationen über dein Hobby, Tiergeschichten, Bilder aus vergangenen Zeiten, Erzählungen von interessanten Menschen, Sport, Geschichten über Menschen mit Problemen, witzige Erlebnisse, Gruselgeschichten …

Dein Lieblingsbuch vorstellen

1

a Wer kennt die Bücher? Berichtet der Klasse über den Inhalt!

b Eine Hälfte der Klasse schreibt den Titel ihres Lieblingsbuches auf Zettel, die eingesammelt und gemischt werden. Die andere Hälfte zieht einen Zettel und findet so einen Partner/eine Partnerin und lässt sich den Inhalt des Buches erzählen.

c Der Zuhörer/die Zuhörerin stellt anschließend das Buch der Klasse vor. Der Partner/die Partnerin kann helfen.

⋆d Bringt eure Lieblingsbücher mit in die Schule und richtet eine Leseecke im Klassenzimmer ein. Ihr könnt die Bücher nach Inhalten ordnen, zum Beispiel: Abenteuer, Sport, …
Leiht euch die Bücher gegenseitig aus!

⋆e Besucht mit eurem Deutschlehrer/eurer Deutschlehrerin die Bücherei eurer Schule! Wie sind die Bücher geordnet? Lasst euch alles genau erklären!

⋆2 Ein Bücherquiz durchführen

Jedes Kind stellt mit ein paar Sätzen ein bekanntes Kinder- oder Jugendbuch vor, ohne dabei den Titel oder die Hauptpersonen zu nennen. Wer die meisten Bücher kennt, ist Bücherkönig/in.
Beispiele:
- *Mein Buch spielt zunächst auf der Insel Lummerland. Dort gibt es einen König, der Alfons der Viertelvorzwölfte heißt. Als ein Paket für Frau Mahlzahn auf der Insel ankommt, beginnen viele Abenteuer …*
- *Die Hauptperson in meinem Buch ist eine Hexe, die 127 Jahre alt ist. Sie wohnt mit ihrem Raben Abraxas im Wald …*
- *Zwei Lausbuben sind die Helden meiner Geschichte. Sie finden in einer Getreidemühle ein schreckliches Ende.*

3 Sich in einer Bücherei umsehen

a Wie funktioniert das Ausleihen in deiner Bücherei?

b Abenteuerbücher, Sachbücher, Tiergeschichten …
In welche Gruppen lassen sich Bücher noch einteilen?

c Welche Eintragungen sind auf einer Karteikarte oder in der Datenbank im Computer einer Bücherei zu einem Buch vermerkt?

***d** Legt euch eine Klassenbücherei an! Ihr könnt von jedem Buch eine Karteikarte anfertigen!
Für Experten und Expertinnen: Das geht auch mit dem PC.

Gemeinsam ein Buch lesen

1

Worum könnte es in diesem Buch gehen? Schreibe es auf! Nachdem du das Buch gelesen hast, kannst du überprüfen, ob deine Erwartungen erfüllt worden sind.

2 *Joel sieht einen Hund – mitten in der Nacht*

Der Hund.
Mit ihm hat alles angefangen.
Wenn er den einsamen Hund nicht gesehen hätte, wäre vielleicht nichts passiert. Nichts von all dem, was dann so wichtig wurde und alles veränderte. Nichts von all dem, was zuerst so aufregend war und dann so unheimlich wurde.
Alles hat mit dem Hund angefangen. Der einsame Hund, den er in jener Nacht im letzten Winter gesehen hatte. Plötzlich war er wach geworden. Er war aufgestanden und hinausgetappt in den Flur und hatte sich in die Fensternische gesetzt.
Warum er mitten in der Nacht aufgewacht war, wusste er nicht. Vielleicht hatte er etwas geträumt? Oder hatte sein Papa geschnarcht, der im Zimmer nebenan schlief? Sein Papa schnarchte nicht oft. Aber manchmal kam plötzlich so ein einzelner Laut, fast wie ein Brüllen, und dann war es wieder still.
Als er dort in der Fensternische im Flur saß, hatte er den Hund entdeckt. Die Fensterscheiben waren mit Eiskristallen bedeckt und er hatte gegen das Glas gehaucht, um hinaussehen zu können. Am Thermometer hatte er abgelesen, dass es fast dreißig Grad unter Null waren. Und in dem Augenblick sah er den Hund. Er lief draußen die Straße entlang, ganz allein.
Genau unter der Straßenlaterne war er stehen geblieben und hatte sich umgeschaut. Er hatte in alle Richtungen gewittert, ehe er weiterlief. Dann war er verschwunden.
Es war ein ganz gewöhnlicher Hund. Das hatte er gerade noch gesehen. Aber warum lief der Hund so allein durch die kalte Winternacht? Wohin war er unterwegs?
Ihm war, als fürchtete sich der Hund vor irgendetwas.
Obwohl er anfing zu frieren, blieb er am Fenster sitzen und wartete darauf, dass der Hund zurückkam. Aber nichts geschah. Da draußen war nur die kalte, öde Winternacht und weit entfernt leuchteten die Sterne.
Er konnte den einsamen Hund nicht vergessen.
In jenem Winter war er viele Male aufgewacht, ohne dass er wusste, warum. Jedes Mal stand er auf, tappte über die kalte Korkmatte hinaus und setzte sich in die Fensternische und wartete auf den Hund. […]

a Sicher bist auch du schon einmal nachts aufgewacht und aufgestanden. Erzähle!

b Vater und/oder Mutter bringen das schlaftrunkene Kind wieder ins Bett. Spielt die Szene!

★c Gibt es ein Erlebnis, eine Erfahrung, einen Moment, der dich entscheidend beeinflusst hat? Wer möchte, darf erzählen.

Tipps für das Arbeiten mit einem Buch

Das von deiner Klasse ausgewählte Buch wird nicht nur gemeinsam im Unterricht, sondern auch von dir zu Hause gelesen. Wenn im Unterricht die Lesehausaufgabe besprochen wird, hast du oft schon wieder vergessen, was du daheim gelesen hast. Dies passiert dir nicht, wenn du ein Lesetagebuch oder ein Lesebegleitblatt anlegst.

Beispiel:
Welche Personen kommen vor?

Joel Gustafson, Samuel Gustafson, Sara, Ture von Svala, Gertrud, Frau Nederström, Simon Urväder

Wo und wann spielt die Handlung?

Winter 1956 in Schweden

Was passiert?

Joel lebt mit seinem Vater Samuel in einem kleinen schwedischen Dorf. Joels Mutter Jenny hat die Familie schon früh verlassen und so übernimmt Joel neben der Schule auch Aufgaben im Haushalt, weil der Vater tagsüber im Wald arbeitet. Eines Tages bringt Samuel Sara mit nach Hause, was Joel gar nicht gefällt. Zur gleichen Zeit lernt Joel Ture von Svala kennen, der neu zugezogen ist. …

Zusätzlich könnt ihr aufschreiben:

- Was mir gefallen/nicht gefallen hat: …
- Eine Stelle, die ich besonders spannend finde: …
- Was ich sehr traurig finde: …
- An dieser Stelle musste ich lachen: …
- Worüber ich gerne in der Klasse sprechen würde: …
- Was ich nicht verstanden habe: …
- Worüber ich mehr wissen möchte: …

3 *Joel hat ein Geheimnis*

[…]
Das Haus, in dem Joel mit seinem Papa Samuel wohnte, lag am Fluss. Im Frühling wälzt sich die Flut tosend und donnernd von den fernen Bergen, die hinter den dunklen Wäldern liegen. Genau hier, wo sie wohnten, macht der Fluss einen Bogen, ehe er seine lange Reise zum Meer fortsetzt.

Aber jetzt im Winter schlief er unter seiner weißen Decke. Skispuren zogen Linien durch den weißen Schnee.

Unten am Flussufer hatte Joel ein Geheimnis. Gleich neben den hohen steinernen Pfeilern der großen Eisenbahnbrücke. Jeden Tag ratterten mehrmals Züge über die Brücke und dort neben den Pfeilern lag ein riesiger Felsblock, der in der Mitte geborsten war.

Früher war der Felsblock kugelrund gewesen. Der Sprung hatte die Kugel in zwei Hälften geteilt und Joel stellte sich vor, es sei der Erdball. Wenn Joel in den Spalt kroch, konnte er sich einbilden, tief drinnen in der Erde zu sein. Dort drinnen roch es nach feuchtem Moos und er saß da und stellte sich vor, er konnte die Wirklichkeit in alles verwandeln, in was er nur wollte.

In den gewaltigen Strudeln der Frühlingsfluten tanzten nicht Baumstämme, sondern Delfine und die alte Baumwurzel, die auf der Sandbank gestrandet war, wo Pferdehändler Under immer seinen Kahn festmachte, war ein Flusspferd, das seinen schweren Kopf aus dem Wasser reckte. Und unter der Wasseroberfläche lagen die Krokodile und lauerten auf Beute.

In der Felsspalte konnte Joel weite Reisen unternehmen. In Wirklichkeit war er noch nicht mal hinter den dunklen Wäldern gewesen. Das Meer hatte er noch nie gesehen. Aber das machte nichts. Dorthin würde er schon noch kommen. Wenn Papa Samuel endlich die Waldarbeit aufgab. Dann würden sie zusammen auf Reisen gehen.

Und während er darauf wartete, konnte er in der Felsspalte liegen und seine eigenen Reisen machen. Er stellte sich vor, der Fluss sei die Meerenge zwischen Mauritius und Réunion, den beiden Inseln, die vor Madagaskar liegen. Er wusste, wie es dort aussah. Papa Samuel hatte ihm erklärt, wie vorsichtig man durch diese Meerenge segeln musste. Dort gab es gefährliche Riffe unter Wasser und vom Kiel des Schiffes waren es viertausend Meter bis zum Meeresgrund. Papa Samuel war Seemann gewesen. Er wusste, wovon er redete. […]

a Hast auch du einen Ort/ein Versteck, wo du gerne hingehst, wenn du alleine sein und nachdenken oder einfach nur träumen willst?

***b** Malt in Kunsterziehung ein Bild von Joel in seinem geborstenen Felsblock!

***c** Bereite den Textausschnitt *Joel hat ein Geheimnis* zum Vorlesen vor!

Tipps zum Vorlesen

- Lies laut und deutlich vor!
- Kennzeichne Wörter, die du betonen willst! *(Das war geméin!)*
- Unterstreiche mithilfe einer Schreibfolie die Textstellen, die du besonders laut oder leise lesen solltest!
- Überlege dir, wo du langsamer oder schneller lesen musst und an welchen Stellen eine Pause wirkungsvoll wäre! (→ = *schnelles Lesen;* →← = *langsames Lesen;* / = *kurze Pause;* // = *lange Pause*)

∗d Überlegt euch mit eurem Musiklehrer/eurer Musiklehrerin, wie man den Vortrag musikalisch unterlegen könnte!
Klärt vorab, wer ein Instrument spielen kann!
Ein Lehrer/eine Lehrerin kann den Vortrag auf Kassettenrekorder oder Video aufnehmen.

4 *Joel und sein Papa Samuel leben ohne Joels Mutter*

[...]
Als er eines Morgens aufsteht, ist Papa Samuel am Küchentisch eingeschlafen. Sein Kopf ruht schwer auf dem Tisch und seine geschlossene Faust liegt auf einer Seekarte.
Aber da liegt noch etwas anderes auf dem blauen Wachstuch.
Eine abgegriffene Fotografie, geknickt und an einer Ecke abgerissen. Sie zeigt ein Frauengesicht. Eine Frau mit braunen Haaren und Augen, die Joel geradewegs ansehen.
Er weiß sofort, dass das seine Mama ist, die er anschaut. Weder lacht sie noch kneift sie die Lippen zusammen. Sie schaut ihn nur an und er denkt: So sieht also ein Mensch aus, der die Unruhe in sich hat.
Auf der Rückseite steht ein Name. Jenny. Und der Name von einem Fotoatelier in Sundsvall.
Jenny. Samuel und Jenny und Joel Gustafson. Wenn sie eine Familie wären, würden sie so heißen.
Jetzt sind es nur Namen, die nicht zusammenhängen. Joel denkt, er muss seinen Papa fragen, was eigentlich passiert ist. [...]
Dann möchte er wissen, warum er in Sundsvall geboren wurde. Und warum seine Mama, die Jenny heißt, mit dem Zug davongefahren ist und ihn bei der alten Westman gelassen hat.
Das ist auch schwer, weil er nie weiß, was er antworten soll, wenn ihn jemand fragt, warum er keine Mama hat.
Er ist der Einzige. Der Einzige, den er kennt, der keine Mama hat.
Mit irgendetwas der Einzige zu sein, ist oftmals gut.
Als Einziger ein Flugzeugmodell aus Balsaholz zu besitzen oder ein Fahrrad, das auf dem Vorderrad gerippte Reifen und auf dem Hinterrad Reifen mit Stollen hat.
Aber als Einziger keine Mama zu haben, das ist nicht gut.
Das ist noch schlimmer, als wenn man eine Brille tragen müsste.
Das ist sogar noch schlimmer, als wenn man stottern würde.
Die einzige Mama, die weg sein darf, das ist eine tote Mama. [...]

a Überlegt gemeinsam, aus welchen Gründen Jenny ihren Mann Samuel und ihren Sohn Joel verlassen haben könnte!
Warum trennen sich Erwachsene, die sich einmal geliebt haben?

b Joel möchte von seinem Vater alles Mögliche über seine Mutter erfahren, sein Vater will über seine ehemalige Frau nicht sprechen und antwortet ausweichend oder gar nicht.
Spielt die Szene! Legt vorab fest, wie das Gespräch enden soll!

c Worunter haben Kinder, deren Eltern sich trennen, zu leiden?

***d**

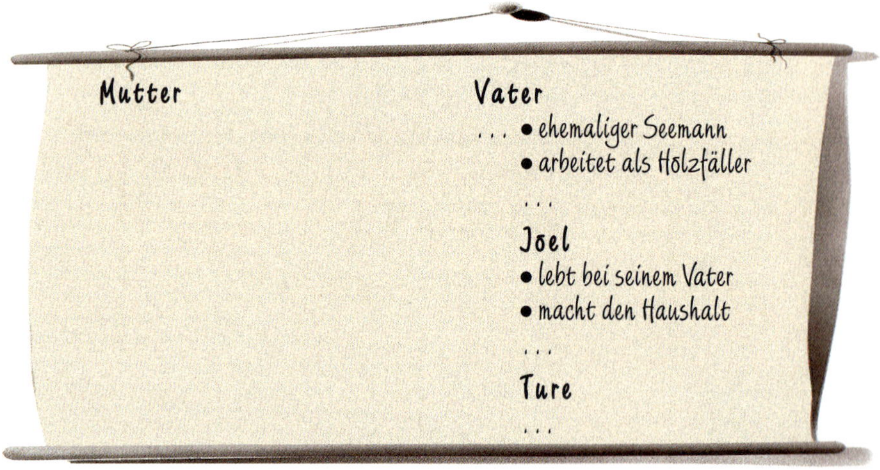

Gestaltet eine Wandzeitung, in der ihr alles festhaltet, was ihr bis jetzt im Buch über Joel und die anderen Personen erfahren habt! Ihr könnt die Einträge beim Weiterlesen ergänzen.

***e** Schreibe einen Brief, in dem Joel seine Mutter Jenny um ein Treffen bittet! Erkläre ihr, warum du sie treffen und welche Fragen du besprechen möchtest!

5 *Joel lernt Ture kennen*

[…]
Da bleibt er jäh stehen.
Auf seinem Felsblock sitzt ein fremder Junge.
Ganz regungslos sitzt er, ein Fernglas vor den Augen.
Joel kauerte sich im Schnee zusammen. Es ist das erste Mal, dass jemand seinem Felsblock so nahe gekommen ist.
Joel ist sicher, dass er den Jungen noch nie gesehen hat, ein Fremder, ein Unbekannter.
Warum sitzt er hier am Fluss? Was sieht er durch das Fernglas? Woher kommt er?
Joel duckt sich in den Schnee wie ein furchtsamer Hase und lässt den unbekannten Jungen nicht aus den Augen.
[…]

In dem Augenblick dreht sich der fremde Junge um und sieht Joel geradewegs an.

„Warum liegst du da?", fragt er. „Denkst du, ich hab dich nicht gesehen?"

Joel fällt keine gute Antwort ein. Er hat ja wirklich geglaubt, dass er unsichtbar ist, wie er da im Schnee liegt. Der Junge hat doch die ganze Zeit durch das Fernglas geguckt? Wie konnte er ihn dann bemerken?

Der fremde Junge springt vom Felsblock und kommt Joel auf seinen Schneetellern entgegen. [...]

„Willst du sie mal ausprobieren?", fragt er.

Joel sieht ihn an. Meint er das ernst oder nicht?

„Der Felsen gehört mir", wiederholt er.

„Ich will ihn dir ja nicht wegnehmen", antwortet der fremde Junge. „Willst du die Schneeteller ausprobieren oder nicht?"

Joel befestigt die Riemen an seinen Skistiefeln. Es ist ein merkwürdiges Gefühl, wenn man einfach so über den Schnee gehen kann. [...]

a Warum ärgert sich Joel zunächst? Wie gewinnt Ture Joels Vertrauen?

b Was schreibt Joel über die Begegnung in sein Tagebuch?

▸ S. 7, Tagebuch

***c** Spielt die Begegnung der beiden Jungen!

6 *Papa Samuel bringt Besuch mit*

[...] Die Tür zum Vorraum wird aufgerissen und jetzt begreift er, warum die Schritte so komisch geklungen haben.

Papa Samuel ist nicht allein.

Hinter ihm steht eine Frau mit einem roten Hut, schwarzem Mantel und Gummigaloschen. Joel erkennt sie sofort. Sara, die in der Bierstube bedient. Sara mit den großen Brüsten, die mit Tabletts und Pilsnerbieren herumwirbelt und die immer so lacht, dass man die große Zahnlücke in ihrem Unterkiefer sehen kann.

Dieses Luder, was hat die hier zu suchen? [...]

Es ist noch nie passiert, dass Papa Samuel nach seiner Arbeit im Wald jemanden mit nach Hause gebracht hat.

Joel hat immer geglaubt, Papa Samuels Freunde wären Seeleute, die auf den Meeren herumsegeln. Freunde, die darauf warten, dass er die Axt wegwirft, seine Seemannskiste packt, die im Flur steht, und sich wieder auf die unendlichen Meere hinausbegibt.

Wie kann er die da mit nach Hause schleppen?

„Sara ist auf eine Tasse Kaffee mit heraufgekommen", sagt Papa Samuel und schlägt Joel auf die Schulter.

„Der Kaffee ist alle", sagt Joel rasch.

„Was soll das heißen?", fragt Papa Samuel. Er lächelt die ganze Zeit.

„Dass er alle ist", sagt Joel. „Ich hab's nicht geschafft, welchen zu kaufen. Es ist gerade noch so viel da, dass er für morgen früh reicht. Aber nicht für die da."

„Das macht nichts", sagt Sara und lacht. Dann streichelt sie ihm über die Wange.

In dem Augenblick beschließt er, sie totzuschlagen. Das soll die nächste Aufgabe des Geheimbundes werden, wenn der Hund, der zu seinem Stern läuft, gefunden ist. [...]

Plötzlich kommt Joel ein entsetzlicher Gedanke. Vielleicht will Papa Samuel wieder heiraten! Und dann besteht die Gefahr, dass Joel Geschwister kriegt und ihre Mama ist Sara ...

Nein, dazu darf es nicht kommen. Ein Seemann kann keine Kellnerin aus einer Bierstube heiraten ... [...]

a Wie verläuft die Begegnung zwischen Sara und Joel?

b Findet gemeinsam Gründe für Joels Verhalten!

c Wie reagiert Sara? Warum?

✶d

Zeichnet Sprechblasen in eure Hefte und füllt sie in Partnerarbeit mit Joels Fragen und Ängsten!

✶e Welchen Rat würdest du Joel geben?

7 Lustige Streiche oder Gemeinheiten?

In dem Dorf, in dem Joel wohnt, lebt eine Frau in einem abgelegenen Haus. Gertrud hat bei einer Operation ihre Nase verloren und wird deshalb von einigen Dorfbewohnern schief angesehen. Ture hat Joel überredet, ihr folgende „Streiche“ zu spielen:
(1) Sie kippen Ameisen in ihre Küche.
(2) Sie schmieren ihre Johannisbeersträucher mit Firnis ein.
(3) Sie wollen die Kletterpflanzen an ihrem Haus durchschneiden.

a Warum wählt Ture Gertrud als Opfer für seine Streiche aus?

b Hast du schon mal jemandem einen Streich gespielt? Erzähle!

▶ S. 92, Erzählen

c Fragt euren Biologielehrer/eure Biologielehrerin, was passiert, wenn man Pflanzen mit Firnis bestreicht!

d Was haltet ihr von Joels und Tures Streichen? Diskutiert!

✶ e Joel und Ture schleichen zu Gertruds Haus. Stellt die Szene pantomimisch (d. h., ohne zu sprechen) dar!

8 *Joel wird erwischt*

[...]

Vorsichtig öffnet er die Pforte. Das Haus ist dunkel. Dennoch hat er ein Gefühl, als ob es ihn anschaute. Wie ein Raubtier, das sich bald auf ihn stürzen wird.

Vorsichtig geht er näher. Als er sich nach Ture umdreht, ist der verschwunden. Er hat sich im Schatten versteckt.

Dort ist die Wand und da sind die Kletterpflanzen. Im Winter sind es nur nackte Zweige, die sich wie ein riesiges Spinnengewebe über die Wand spannen. Aber im Sommer ist die ganze Wand mit grünen Blättern bedeckt.

Er lauscht wieder. Langsam schiebt er die Schere zwischen Wand und Zweige und schneidet.

Einmal. Noch einmal.

Da wird eine Tür geöffnet und Licht geht an. Um ihn herum wird es ganz hell und sein Herz zuckt zusammen.

Die nasenlose Gertrud steht in der Tür und sieht ihn an. Das schwarze Loch, wo ihre Nase sein müsste, klafft offen. Er sieht, dass sie barfuß ist.

„Was machst du da?“, fragt sie.

Er bleibt wie gelähmt stehen.

Ihre Stimme klingt kein bisschen böse, denkt er. Auch nicht ängstlich. Nur traurig.

„Komm her“, sagt sie.

Joel wirft einen Blick zur Gartenpforte. Aber Ture ist nirgends zu sehen. Er weiß, dass er weglaufen müsste. Sie würde ihn bestimmt nicht einholen können. Trotzdem bleibt er stehen.

„Komm her“, sagt sie noch einmal.

Wenn sie wenigstens wütend wäre, denkt Joel. Dann hätte ich weglaufen können. Aber wie kann man flüchten, wenn jemand nur traurig ist?

Er geht auf die Tür zu.

„Komm mit in die Küche. Wir müssen miteinander reden“, sagt sie. „Hier draußen ist es so kalt. Mich friert.“

Joel weiß, dass er nicht mit hineingehen dürfte. Dann sitzt er in der Falle. Und trotzdem geht er hinein.

In ihrer Küche ist es warm. Er steht herum und weiß nicht, wo er die große Heckenschere lassen soll.

Sie geht hinaus. Als sie zurückkommt, hat sie sich ein Taschentuch in das Loch unter den Augen gesteckt.

Von Joels Skistiefeln fließt der schmutzige Schnee.

Er versucht, sich vor die Lache zu stellen. Die Nasenlose hat einen schwarzen Mantel an. Darunter, das kann er sehen, trägt sie nur noch ein Nachthemd.

„Wer bist du?“, fragt sie.

Joel gibt keine Antwort. Ich kann einen Namen erfinden, denkt er. Oder ich sage, dass ich Otto heiße.

„Ich werde dich nicht schlagen“, sagt sie plötzlich. „Obwohl ich sehr stark bin. Ich will nur wissen, warum du all das machst. Eines Morgens war die ganze Küche voller Ameisen. Am nächsten Morgen hat jemand meine Johannisbeersträucher umgebracht. Sie werden nie wieder Beeren tragen. Und jetzt schneidest du mir meine Blumen kaputt.“

Angst einjagen, denkt Joel. So hat Ture es ausgedrückt. Traurigkeit einjagen, hätte er stattdessen sagen müssen.

Und wo ist Ture jetzt? Er hätte mir zu Hilfe kommen müssen. Wenn jemand aus dem Geheimbund gefangen wird, muss man natürlich versuchen, ihn zu befreien. Dafür braucht man doch keine Regel aufzustellen.

Joel weiß nicht, was er sagen soll. Er starrt auf den Fußboden und versucht, die Heckenschere hinter dem Rücken zu verstecken.

„Warum?“, fragt sie wieder.

[...]

a Wie reagiert Gertrud, als sie Joel erwischt? Welche anderen Reaktionen wären denkbar gewesen?

b Wie verhält sich Ture, als Joel erwischt wird?

c Spielt, wie das Gespräch zwischen Gertrud und Joel weitergehen könnte!

***d** Schreibe einen Brief, in dem sich Joel bei Gertrud für sein Verhalten entschuldigt!

▶ S. 93 ff., Briefe schreiben

9 *Joel gerät in große Gefahr*

Nachdem Joel erwischt worden ist, verlangt Ture eine Mutprobe: Joel soll über eine Eisenbrücke klettern.

[…]

Joel ist allein mit der Brücke. So groß wie jetzt ist sie noch nie gewesen.

Joel steht bei der Verankerung der Brücke und schaut hinauf zu den gewölbten Bogen, die in der Dunkelheit verschwinden. Unter ihm liegt der zugefrorene Fluss.

Jetzt muss er klettern. Nicht denken. Nicht nach unten gucken. […]

Er legt die eine Hand gegen das Eisen. Die Kälte kriecht sofort durch seinen Fäustling. Er schließt die Augen und beginnt, nach oben zu robben.

Die Eisennägel scheuern an seinen Knien.

Zuerst bewegt er die eine Hand vorwärts. Dann das entgegengesetzte Bein. Dann die andere Hand und das andere Bein. Langsam, langsam …

Um ihn herum ist es vollkommen still.

Er hält die Augen geschlossen und rutscht weiter. Die eine Hand, das andere Bein. Das Eisen ist kalt und er ist schon längst durchgefroren. Mit jedem Stück, das er sich weiter aufwärts bewegt, wird es schwerer, die Angst auf Abstand zu halten.

Warum mach ich das bloß, denkt er verzweifelt. Ich schaff es nicht, ich werde runterfallen und mich zu Tode stürzen.

Plötzlich hört er Ture rufen. Da wird ihm klar, wie hoch oben er schon ist. Tures Stimme klingt so weit entfernt.

„Komm runter!“, ruft er. „Komm runter!“

Warum soll er runterkommen? Ture hat wohl Angst, er könnte es schaffen?

Er kriecht weiter. Die Eisennägel reiben und er spürt, wie seine Arme anfangen, gefühllos zu werden. Und dennoch kriecht er weiter.

Papa Samuel, denkt er, das hier schaff ich nicht. Du musst kommen und mir helfen.

Da spürt er, dass der Brückenbogen ebener wird. Dann ist er ja auf dem höchsten Punkt der Brücke. Jetzt geht es abwärts. Jetzt muss er klettern und sich mit dem Kopf voran runterrutschen lassen.

Da überfällt ihn Panik.

Er kommt nicht weiter.

Mit aller Kraft klammert er sich am Brückenbogen fest. Er kann sich nicht rühren. Weder vor noch zurück.

Er hat plötzlich ein Gefühl von Wärme an dem einen Bein.

Aber woher das kommt, weiß er nicht.

Ein einziges Mal schreit er gellend in der Dunkelheit.

Was dort tief unter ihm geschieht, weiß er nicht.

[…]

a Hast du eine Mutprobe schon einmal selbst oder als Zuschauer/in erlebt? Was hältst du von Mutproben?

b Steige mit verbundenen Augen auf ein Pult! Bleibe eine Minute mit nach oben ausgestreckten Armen stehen! Was empfindest du? Sprich während der Übung auf Kassettenrekorder!

⚠ ***Wichtiger Sicherheitshinweis: Führe diese Übung nie ohne Hilfestellungen und ohne deinen Lehrer/deine Lehrerin durch!***

c Schreibt auf, welche Fragen Joel auf der Brücke durch den Kopf schießen!

d Überlegt gemeinsam, wie der Roman ausgehen könnte!

e Warum könnte Henning Mankell für seinen Roman den Titel „Der Hund, der unterwegs zu einem Stern war“ gewählt haben?

Lösung von S. 124, Aufg. 7, Schatzsuche: Du bist ganz schön schlau!

Ideen rund ums Buch

- Teilnahme an Wettbewerben (zum Beispiel Europäischer Wettbewerb)
- Besuch in Buchhandlungen
- Literaturseite in der Schülerzeitung/im Jahresbericht
- Einrichtung einer Schuldruckerei
- Einbindung von Autoren in den Unterricht durch Briefe
- Familienfreizeiten/Bücherferien – im Rahmen einer Studienfahrt – mit Autoren (Infos bei Stiftung Lesen)
- Info-Brett „Lesen“
- Einrichtung von Klassenbüchereien
- Besuch einer Druckerei/Buchbinderei
- Bildnerische Umsetzung im Kunsterziehungsunterricht
- Dramatisierung der Klassenlektüre zusammen mit der Schulspielgruppe
- Themengebundene Vorlese- oder Erzählstunden bei besonderen Festen im Jahreslauf
- Lesezeichen entwerfen und anfertigen
- Besichtigung eines Verlags mit Lektoratsgespräch
- Literaturpreis für schreibende Schüler
- Leseecke im Klassenzimmer
- Literaturwettbewerb
- Einrichtung eines Lesekreises/einer Schreibwerkstatt im Rahmen des Wahlunterrichts
- Autor/in einladen (Informationen erhältlich beim Friedrich-Bödecker-Kreis, Autorendatenbank unter: www.boedecker-kreis.de)
- Besuch der Stadt-/Gemeindebücherei
- Buchausstellung in Zusammenarbeit mit dem örtlichen Buchhandel
- Lesenacht in der Schule
- Vorlesewettbewerb
- Bücherflohmarkt
- Ausstellung „Die Lieblingsbücher unserer Lehrer/innen“
- Theater- oder Filmbesuch zur Lektüre
- Elternabend zum Thema Buch
- Buch des Monats/des Jahres

Komm mit ins Land der Fantasie!

In manchen Texten werden Geschichten erzählt, die dich froh, mutig, traurig, vielleicht auch wütend machen. Sie können dich in vergangene Zeiten versetzen, in fremde Länder und sogar in die Welt des Übernatürlichen und der Wunder.
Einige Texte sind kunstvoll in bestimmte Formen gesetzt, andere mit einfachen Worten schlicht erzählt. Über manche Geschichten musst du länger nachdenken, andere verstehst du sofort, einige kennst du vielleicht schon seit Jahren.
Lass dich im folgenden Kapitel anregen, Geschichten zu lesen, sie nachzuerzählen und zu spielen, Bilder zu gestalten, selbst zu schreiben …

Marc Chagall, Der Clown auf dem Pferd

Märchen

1 Kennst du Märchen?

„Frau Königin, Ihr seid die Schönste hier, aber die junge Königin ist tausendmal schöner als Ihr." (A)

„Heute back ich, morgen brau ich, übermorgen hol ich der Königin ihr Kind." (C)

„Was macht mein Kind? Was macht mein Reh? Nun komm ich noch zweimal und dann nimmermehr." (B)

„Knusper, knusper, knäuschen, wer knuspert an meinem Häuschen?" (D)

„Königstochter, jüngste, mach mir auf ...!" (E)

„Großmutter, was hast du für große Ohren?" (F)

„Bäumchen, rüttel dich und schüttel dich, wirf Gold und Silber über mich." (G)

„Kikeriki, unsere goldene Jungfrau ist wieder hie." (H)

a Zu welchen Märchen gehören diese „Sprüche"?

b Wer kennt „Die drei Männlein im Walde", „König Drosselbart", ...? Informiert euch über weniger bekannte Märchen und erzählt eines davon.

Lösungen:
A: Schneewittchen; B: Brüderchen und Schwesterchen; C: Rumpelstilzchen;
D: Hänsel und Gretel; E: Der Froschkönig; F: Rotkäppchen; G: Aschenputtel;
H: Frau Holle

c Könnt ihr euch an den Inhalt dieser Märchen erinnern?

d Erstellt eine Klassen-Hitliste der beliebtesten Märchen!
Jede/r schreibt den Titel ihres/seines Lieblingsmärchens auf einen Zettel. Wertet die Ergebnisse anschließend aus! Welches Märchen liegt auf Platz 1, Platz 2 ...?

***e** Bereitet zu Hause ein Märchen zum Erzählen vor!

Früher wurden Märchen bei allen Völkern gerne und oft erzählt, doch nicht nur den Kindern, sondern auch den Erwachsenen. So verkürzten sich zum Beispiel die Frauen an langen Winterabenden die Zeit in der Spinnstube mit spannenden, lehrreichen oder lustigen Geschichten. Und fast alle hatten ein Happy End! Sie wurden von Generation zu Generation überliefert und schließlich aufgeschrieben. Heute gibt es neben den Märchenbüchern Märchenkassetten, Märchenfilme, ... Aber nur noch wenige Menschen können Märchen gut und lebendig erzählen.

2 Der alte Zauberer und seine Kinder

Es lebte einmal ein böser Zauberer, der hatte zwei Kinder geraubt, einen Knaben und ein Mädchen, mit denen er in einer Höhle ganz einsam und einsiedlerisch hauste. Seine schlimme Kunst übte er mit einem Zauberbuche aus, das er als seinen besten Schatz verwahrte.

Der Knabe aber hatte den Ort erspäht, wo der Alte das Zauberbuch verbarg. Wenn es nun geschah, dass der alte Zauberer sich aus seiner Höhle entfernte und die Kinder allein zurückblieben, so las der Knabe in dem Buch und lernte manchen Spruch und manche Formel der schwarzen Magie, bis er selbst ganz gut zaubern konnte. Weil nun der Alte die Kinder nur selten aus der Höhle ließ, so sehnten sie sich fort und sie berieten miteinander, wie sie heimlich entfliehen wollten. Eines Tages, als der Zauberer die Höhle sehr zeitig verlassen hatte, sprach der Knabe zur Schwester: „Jetzt ist es Zeit, Schwesterlein! Der böse Mann, der uns so streng gefangen hält, ist fort. Jetzt wollen wir uns aufmachen und fliehen, so weit uns unsere Füße tragen!“ Dies taten die Kinder, sie gingen fort und wanderten den ganzen Tag.

Am frühen Nachmittag war der Zauberer nach Hause zurückgekehrt und hatte sogleich die Kinder vermisst. Deshalb schlug er sofort sein Zauberbuch auf und las darin, in welche Gegend die Kinder gegangen waren.

Er folgte ihnen und hatte sie schon fast eingeholt. Als die Kinder seine zornig brüllende Stimme vernahmen, war die Schwester voller Angst und Entsetzen und rief: „Bruder, Bruder! Nun sind wir verloren; der böse Mann ist schon ganz nahe!“

Da wandte der Knabe die Zauberkunst an, die er aus dem Buch gelernt hatte. Er sprach einen Spruch und alsbald wurde seine Schwester zu einem Fisch und er selbst wurde ein großer Teich, in dem das Fischlein munter herumschwamm.

Wie der Alte an den Teich kam, merkte er wohl, dass er betrogen worden war, und brummte ärgerlich: „Wartet nur, wartet nur, euch fange ich doch!“, und lief schnell zu seiner Höhle zurück, um Netze zu holen und den Fisch darin zu fangen. Wie er aber fort war, wurden aus dem Teich und Fisch wieder Bruder und Schwester, die sich gut versteckten und erst einmal ausschliefen. Am anderen Morgen wanderten sie weiter und sie wanderten wieder einen ganzen Tag.

Als der böse Zauberer mit seinen Netzen an die Stelle kam, die er sich gut gemerkt hatte, war kein Teich mehr zu sehen, sondern es lag eine grüne Wiese da, in der es wohl Frösche, aber keine Fische zu fangen gab. Da wurde er noch zorniger als zuvor, warf seine Netze hin und verfolgte weiter die Spur der Kinder, die ihm nicht entging, denn er trug eine Zaubergerte in der Hand, die ihm den richtigen Weg zeigte.

Und als es Abend war, hatte er die wandernden Kinder beinahe wieder eingeholt. Sie hörten ihn schon schnauben und brüllen und die Schwester rief wieder: „Bruder, lieber Bruder! Jetzt sind wir verloren, der böse Feind ist dicht hinter uns!“

Da sprach der Knabe wieder einen Zauberspruch, den er aus dem Buch gelernt hatte, und da wurde aus ihm eine Kapelle am Weg und aus dem Mädchen ein schönes Altarbild in der Kapelle.

Wie der Zauberer an die Kapelle kam, merkte er wohl, dass er abermals betrogen worden war, und lief fürchterlich brüllend um sie herum. Er durfte sie aber nicht betreten, weil das immer im Pakt der Zauberer mit dem Bösen stand, dass sie niemals eine Kirche oder eine Kapelle betreten durften.

„Darf ich dich auch nicht betreten, so will ich dich doch mit Feuer anstoßen und zu Asche brennen!“, schrie der Zauberer und rannte fort, um sich aus seiner Höhle Feuer zu holen.

Während er nun fast die ganze Nacht hindurch rannte, wurden aus der Kapelle und dem schönen Altarbild wieder Bruder und Schwester. Sie versteckten sich und schliefen und am dritten Morgen wanderten sie weiter und sie wanderten den ganzen Tag, während der Zauberer, der einen weiten Weg hatte, ihnen aufs Neue nachsetzte. Als er mit seinem Feuer dahin kam, wo die Kapelle gestanden hatte, stieß er mit der Nase an einen großen Steinfelsen, der sich nicht mit Feuer anstoßen und zu Asche verbrennen ließ, und dann rannte er mit wütenden Sprüngen auf der Spur der Kinder weiter fort.

Gegen Abend war er ihnen ganz nahe und zum dritten Mal verzagte die Schwester und gab sich verloren. Aber der Knabe sprach wieder einen Zauberspruch, den er aus dem Buch gelernt hatte. Da wurde er eine Tenne, auf der die Leute Getreide dreschen, und seine Schwester war in ein Körnlein verwandelt, das wie verloren auf der Tenne lag.

Als der böse Zauberer herankam, sah er wohl, dass er zum dritten Mal betrogen worden war. Er besann sich aber diesmal nicht lange, lief auch nicht erst wieder nach Hause, sondern sprach ebenfalls einen Spruch, den er aus dem Zauberbuch gelernt hatte. Da wurde er in einen schwarzen Hahn verwandelt, der schnell auf das Gerstenkorn zulief, um es aufzupicken. Aber der Knabe sprach noch einmal einen Zauberspruch; da wurde er ein Fuchs, packte den schwarzen Hahn, ehe er noch das Gerstenkorn aufgepickt hatte, und biss ihm den Kopf ab. Da hatte der Zauberer, wie dies Märchen, gleich ein Ende.

nach Ludwig Bechstein

a Warum ist der Knabe dem alten, erfahrenen Zauberer überlegen?

b Lest euch den Text mehrmals durch und tragt ihn mit entsprechender Betonung vor!

c Erzählt das Märchen nach! Hinweis: Gliedert den Text in fünf Abschnitte!

***d** Der Knabe hat aus dem Zauberbuch „Sprüche“ gelernt, die er jetzt anwendet. Im Märchen werden sie nicht aufgeführt. Wie könnten sie lauten?

3

Das ist wirklich märchenhaft!

- „Es war einmal ...“ Mit diesen Worten beginnen viele Märchen und sie enden häufig mit der Verheißung: „Und wenn sie nicht gestorben sind, dann leben sie noch heute.“
- Im Märchen vermischt sich Natürliches mit Fantastischem:
  - Menschen, Tiere, Pflanzen und Gegenstände haben oft übernatürliche Kräfte, zum Beispiel: Tiere und Pflanzen sprechen, ein Zauberschwert macht unbesiegbar, ...
  - Wesen aus dem Zauberreich helfen oder schaden, zum Beispiel Zwerge, Hexen, ...
  - Magische Zahlen sind von Bedeutung, zum Beispiel Drei, Sieben, ...
- Die Hauptpersonen sind meist namenlos: Sie werden Prinzessin, König, Bruder, Schwester, der Jüngste, der Schneider oder der Dummling genannt.
- Der gute Mensch/der Held/die Heldin muss im Märchen Schwierigkeiten überwinden oder schwere Aufgaben lösen. Dafür wird er/sie am Ende belohnt, während das Böse bestraft wird.

a Natürlich findest du in einer Geschichte nicht alle Märchenmerkmale. Welche typischen Kennzeichen fallen dir im Text „Der alte Zauberer und seine Kinder“ (S. 32 ff.) auf?

b Notiere die Merkmale, die du gefunden hast, in Stichworten! Schreibe damit einen zusammenhängenden Text! Du kannst so anfangen:

Der Text ist ein Märchen, weil er mit den Worten „Es lebte einmal ...“ beginnt ...

c Schreibe – ab Zeile 88 – einen anderen Schluss!

4

Der tapfere Prinz

Es war einmal vor langer, langer Zeit eine Königin in England, die hatte drei mutige Söhne und eine schöne Tochter. Eines Abends spielten die drei Prinzen und ihre Schwester mit einem goldenen Ball und wie sie so spielten, warf der Jüngste den Ball mit solcher Wucht, dass er über das Kirchendach flog. Seine Schwester rannte fort, um den Ball zurückzuholen.

???

Sie suchten sie im Osten und suchten sie im Westen, und als die Königin, ihre Mutter, nichts anderes mehr tun konnte, als auf ihrem Thron zu sitzen und zu weinen, sagte der älteste Bruder, er werde gehen und Merlin, den berühmtesten unter allen Zauberern in England, um Rat fragen.

???

Nachdem viele Wochen vergangen waren, sprach der zweite Sohn, nun wolle er sich der Sache annehmen. Auch er ging zu Merlin, dem Zauberer, und bat ihn um Hilfe, gerade so, wie es sein Bruder getan hatte.

???

Als wieder lange Zeit vergangen war, fand der jüngste Prinz, nun sei die Reihe an ihm. Also ging er zu der Königin und bat sie um ihren Segen. Sie wollte ihn nicht gehen lassen, denn er war ja das letzte ihrer vier Kinder, das ihr geblieben war. Aber er bat und bestürmte sie und schließlich war die Königin einverstanden. Der tapfere Prinz ritt zuerst zu Merlins Zauberhöhle, wie das auch seine Brüder getan hatten.

???

Weiter ritt er, bis er an den runden, steilen, grünen Hügel kam und dort sprang er aus dem Sattel. Er entdeckte eine niedrige Tür, aber sie war fest verschlossen. Er schritt dreimal um den Hügel herum und sprach:

???

„Ich will dein Leben schonen“, sprach der tapfere Prinz, „wenn du mir versprichst, den Zauber, der auf meiner Schwester liegt, aufzuheben. Darauf musst du meine beiden Brüder wieder zum Leben erwecken und uns alle fortziehen lassen.“

???

a Ergänze die fehlenden Abschnitte! Beachte dabei die „Märchenregeln“ auf Seite 35!

⋆b Dieses Märchen heißt eigentlich „Childe Rowland“ und stammt aus England. Wenn du wissen willst, wie die Geschichte vollständig lautet, so frage danach in einer Bibliothek oder Buchhandlung.

✶ 5 Mit Märchen spielen

a Erzählt alte Märchen neu!

Beispiele:
- Aschenputtel ist ein junger Mann und hat einen bösen Stiefvater und zwei Stiefbrüder …
- Hans im Glück, der in der heutigen Zeit lebt, hat sieben Jahre lang hart gearbeitet. Nun erhält er seinen Lohn (?) und …

…

b In einer Hütte wohnte vor langer Zeit ein Jüngling, der liebte ein Mädchen und hätte es gerne zur Frau gehabt. Aber ihrer beider Wesen war ganz verschieden, denn er war sittsam und bescheiden, sie dagegen fluchte oft und hatte vor allem die Angewohnheit, den Namen des Teufels zu rufen …

Eines Tages ging ein Bauer mit der Hacke über der Schulter an einem Bach entlang. In dem Bach lag eine Schlange und auf der Schlange ein Stein. Die Schlange sagte zum Bauern: „Nimm den Stein von mir und ich gebe dir dafür den Lohn der Welt!" …

Setzt die Märchenanfänge fort!

c Stellt ein eigenes Märchenbuch mit euren schönsten selbst verfassten Geschichten zusammen! Gestaltet die Texte mit passenden Bildern aus dem Kunstunterricht aus!

d

Ratespiele mit Märchen

Ratespiel 1:
- Bildet Gruppen!
- Spielt ein Stück aus einem Märchen, lest einen Absatz vor, zeigt ein selbst gemaltes Bild oder …
  Verratet aber nicht den Titel des Märchens!
- Wählt ein Lösungswort, das sich zum Beispiel aus dem dritten Buchstaben des ersten Märchentitels, dem sechsten des … ergibt!
- Lasst die anderen das Lösungswort erraten!

Ratespiel 2:
- Bildet Gruppen!
- Setzt kurze Abschnitte aus verschiedenen bekannten Märchen geschickt zusammen! Schreibt dazu einen Stichwortzettel!

- Erzählt die neue Geschichte den anderen!
- Lasst sie raten: Wo sind die Nahtstellen? Wie heißen die Märchen?

▶ G S. 125, Märchensuchspiel

Schwank

1

Till Eulenspiegel in Hamburg

Einst kehrte Eulenspiegel im „Roten Löwen“ ein und verlangte kurz und barsch für sein Geld eine gute Suppe, forderte dann auch noch ein Stück gebratenes Rindfleisch und Gemüse für sein Geld und ließ sich alles trefflich schmecken. Der Löwenwirt, der wohl wusste, dass wortkarge Gäste die besten sind, machte eine höfliche Verbeugung nach der anderen und fragte, ob dem Herrn auch ein Glas Wein beliebe. „Freilich ja“, antwortete Eulenspiegel, „wenn ich für mein Geld etwas Gutes haben kann.“ Der Wein war gut und Till trank ihn mit großem Behagen, schnalzte mit der Zunge und wischte sich den Mund wie einer, dem es trefflich geschmeckt hat. Dann zog er einen Kupferpfennig aus der Tasche und sagte: „Da, hier, Herr Wirt, nehmt mein Geld!“

Der Löwenwirt machte große Augen und wusste lange nicht, ob er es für Ernst oder für Scherz nehmen und was er davon halten sollte. Als Till aber ganz unbefangen Miene machte davonzugehen, vertrat er ihm den Weg und sagte: „Was soll das heißen? Ihr seid mir einen Doppelschilling schuldig und gebt mir einen lumpigen Pfennig.“

„Ich habe für keinen Doppelschilling Speise von Euch verlangt, Herr Wirt, sondern für mein Geld“, versetzte Eulenspiegel. „Hier ist mein Geld, mehr habe ich nicht und habt Ihr mir zu viel dafür gegeben, so ist’s Eure eigene Schuld.“

„Ihr seid ein durchtriebener Schalk“, erwiderte der Löwenwirt, **„und hättet wohl etwas anderes verdient**. Indessen, ich schenke Euch die Mahlzeit und diesen Schilling noch dazu, **nur schweigt von der Geschichte** und geht morgen zum Bärenwirt gegenüber und macht es mit dem ebenso!“

Till steckte schmunzelnd das dargebotene Geldstück ein, dann griff er nach der Tür, wünschte dem Wirt einen guten Tag und sagte: „Bei Eurem Nachbarn, dem Bärenwirt, bin ich schon gestern gewesen und der gerade hat mich zu Euch geschickt. **Damit Ihr aber Euer Geld nicht nutzlos vergeudet habt, hört meinen Rat:** Vertragt Euch mit Eurem Nachbarn und merkt Euch das Sprüchlein: Wo zwei sich streiten, freut sich der Dritte.“

Georg Paysen-Petersen

a Erkläre die fett gedruckten Sätze mit eigenen Worten!

b Erzähle die Geschichte nach!

► S. 45 ff., Nacherzählen

c Worauf beruht das „Missverständnis“ zwischen Eulenspiegel und Wirt? Erkennt Eulenspiegel nicht, was der Wirt meint? Ist er so dumm?

2

Schwänke sind lustige, derbe Geschichten und erzählen von Streichen, die sich Menschen – oft auch gegenseitig – spielen. Meist werden dabei menschliche Schwächen der Lächerlichkeit preisgegeben.
„Wer den Schaden hat, braucht für den Spott nicht zu sorgen.“

a Zeige, dass der Text „Till Eulenspiegel in Hamburg“ typische Merkmale eines Schwanks aufweist!

b Schreibe deine Ergebnisse in einem zusammenhängenden Text auf!

c Gibt es auch heute noch Schwänke?

3

Angeblich hat Till Eulenspiegel wirklich gelebt. Er soll ein Bauernbursche gewesen sein, der durch ganz Deutschland zog und mit allen Leuten seinen Schabernack trieb. In Mölln bei Lübeck, wo er im Jahre 1350 gestorben sein soll, wird noch heute sein Grabstein gezeigt.

a Warum wird Till Eulenspiegel oft mit einer Eule und einem Spiegel dargestellt?

Hinweise:
- Die Eule gilt als Vogel der Weisheit …
- Überlege, was die Redensart „jemandem einen Spiegel vorhalten“ bedeutet!

b Wer kennt weitere Geschichten über Eulenspiegel?

c Welche Streiche würde Till Eulenspiegel heute spielen, zum Beispiel in eurer Schule?

4 Von einem armen Studenten, der aus dem Paradies kam, und einer reichen Bäuerin

Der Mann einer reichen Bäuerin ist gestorben. Sie heiratet bald wieder und lebt recht zufrieden. Als eines Tages ein fahrender Student aus Paris bei ihr vorspricht, verhört sich die einfache Frau und meint, er komme aus dem Paradies. In ihrer Einfalt bittet sie ihn, für ihren verstorbenen Mann Kleider und Geld mitzunehmen. Das will der listige Student gerne für sie erledigen. Als der Bauer heimkommt, erzählt ihm seine Frau glücklich von ihrer Hilfsmaßnahme. Er jedoch reitet voller Zorn dem Studenten nach. Dieser ahnt schon, was ihm drohen könnte, als er den Bauern von Weitem sieht, und wirft deshalb die Sachen ins Gebüsch. Er selbst tut so, als würde er eine Hecke schneiden. Der Bauer lässt sein Pferd bei ihm, als er hört, der Student sei in den Wald geflohen, und folgt der falschen Spur. Nach einiger Zeit kommt er erfolglos zurück, zudem sind jetzt Student und Pferd verschwunden. Als der Bauer nach Hause kommt, erzählt er jedoch seiner Frau, er habe dem Studenten das Pferd gegeben, damit er schneller vorwärts komme.

a Worauf beruht das Missverständnis?

b Worin liegt der Witz des Schlusses, die „Pointe"?

c Bauer und Bäuerin sind von dem Studenten getäuscht worden. Warum gibt der Bauer es nicht zu? Überlege, welche menschliche Schwäche verspottet wird!

5 In der Schreibwerkstatt

a Gliedert den Inhalt in kleine zusammengehörige Abschnitte (Szenen)! Ihr könnt so beginnen:

Szene	Inhalt
1. Szene	*Student und Bäuerin kommen ins Gespräch.*
2. Szene	*Bäuerin erzählt dem Bauern …*
3. Szene	*Bauer …*
?	?

b Wo sollen die einzelnen Szenen spielen? Warum ist es nicht sinnvoll, viele verschiedene Schauplätze zu wählen?

Szene	Inhalt	Ort
1. Szene	*Student und Bäuerin kommen ins Gespräch.*	*Bauernhaus (Küche)*
2. Szene	…	?

c Welche Personen sollen auftreten? Welche Kostüme benötigen sie?

Szene	Inhalt	Ort	Personen
1. Szene	*Student und Bäuerin kommen ins Gespräch.*	*Bauernhaus (Küche)*	*Student* *?* *Bäuerin (Schürze, Kopftuch)*
2. Szene	…	…	?

d Was sprechen die Schauspieler? Wie sprechen sie? Was tun sie? Gib Regieanweisungen!

1. Szene
Bäuerin putzt gerade ein Fenster, als sich der Student schlendernd nähert.
Student: *(sehr forsch)*
Grüß Gott, Bäuerin, ich wollt' Euch herzlich bitten, …

e Schreibt das Textbuch fertig!

Tipps für Stückeschreiber in der Schreibwerkstatt

- Verwendet beim Aufschreiben zur besseren Unterscheidung von „Personen", „Dialogen" (Rede und Gegenrede) und „Regieanweisungen" verschiedene Farben! Das geht gut am PC!
- Wenn ihr euren Text ausschmückt und mit einigen neuen Spielideen ergänzt, entsteht ein ganz „einmaliges" Theaterstück! Besonders lebendig wirken die Dialoge, wenn ihr sie in eure Mundart übertragt.
- Stellt die Requisiten (Gegenstände) für euer Stück zusammen, zum Beispiel ein Tuch zum Fensterputzen, Kleiderbündel, … Überlegt euch ein „Bühnenbild"! An die Tafel lässt sich allerlei malen, zum Beispiel ein Küchenfenster mit Blumentöpfen, …
- Verteilt die Arbeit auf Gruppen: Je eine Gruppe schreibt den Spieltext für eine Szene (Szenenende und -anfang gut mit der jeweils anderen Gruppe absprechen!). Jede Gruppe wählt einen Spielleiter, der keine Rolle übernimmt, und probt ihre Szene.
- Ladet zur „Aufführung" die Lehrer und Lehrerinnen ein oder spielt für eure Eltern an einem Elternabend.

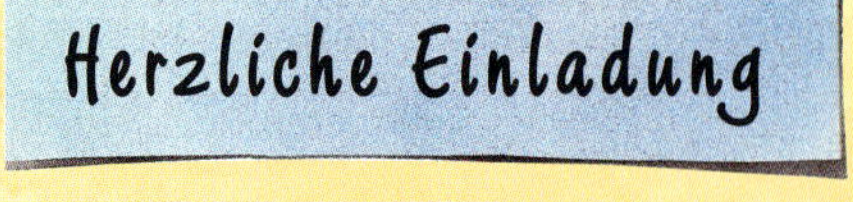

▶ S. 94 f., Einladen

Einen Text nacherzählen

Wie das Wort Nacherzählung bereits ausdrückt, sollst du nach einer Vorlage erzählen. Du kannst Geschichten, Teile von Filmen oder Büchern nacherzählen. Wichtig ist dabei immer, den anderen die Geschichte verständlich und anschaulich zu übermitteln.

1 Der Esel und das Pferd

Als einmal ein Pferd und ein Esel mit ihrem Herrn über Land reisten, hatte das Pferd nichts zu tragen, während der Rücken des Esels mit unzähligen Bündeln beladen war. Unter seiner schweren Last dahinstolpernd sagte der Esel zu seinem stolzen Gefährten: „Lieber Freund, ich bitte dich, hilf mir beim Tragen. Ich fürchte, ich komme sonst nicht lebend an unser Ziel." Aber das Pferd ließ sich durch diese verzweifelte Bitte nicht rühren und lehnte es ab, dem Esel etwas von seiner Last abzunehmen. Bald war der kleine Esel völlig erschöpft, schleppte sich immer mühsamer fort und sank schließlich zu Boden.

So sehr er sich auch mühte, er kam nicht mehr auf die Beine. Als der Herr das sah, nahm er dem Esel die Bündel ab und warf sie dem Pferd über den Rücken, das sofort erbärmlich zu jammern begann. „O weh!", rief es. „Was habe ich mir da eingebrockt! Die halbe Last wollte ich nicht auf mich nehmen und was ist daraus geworden: Jetzt muss ich alles allein tragen."

Die Lehre dieser Fabel: Der Starke soll dem Schwachen helfen – und beider Leben wird dadurch leichter werden.

nach Aesop

a Spielt die Fabel. Welche Rollen müsst ihr verteilen?

b Gliedere die Geschichte in Abschnitte und fasse jeweils das Wichtigste zusammen.

Beispiel:

Ausgangssituation	*Pferd und Esel reisen mit ihrem Herrn über Land. Der Esel trägt die ganze Last, das Pferd nichts.*
Handlungsschritte	*Der Esel bittet das Pferd, ihm einen Teil der Last abzunehmen.* *Das Pferd …* *Der Esel …*
Ergebnis	…

c Erzähle deiner Banknachbarin/deinem Banknachbarn die Fabel mithilfe deiner Aufzeichnungen.

d Schreibe die Nacherzählung auf.

***e** Welche Eigenschaften werden dem Pferd, welche dem Esel zugeschrieben? Sind Tiere wirklich so?

2 Eine Nacherzählung überarbeiten

Gülhan hat die Geschichte so aufgeschrieben:

Als einmal ein Esel und ein Pferd im Land herumreisten, hatte der Esel schwer zu tragen. Deshalb fragte er das Pferd: „Kannst du mir helfen?" Das Pferd lehnte das ab. Es hatte keine Lust, auch etwas zu tragen. Als der Esel dann zusammenbrach, musste das Pferd alles alleine tragen und beklagte sich. Es hätte besser dem Esel helfen sollen.

a Beurteilt diese Nacherzählung!

b Vergleicht sie mit dem Originaltext! Was müsste noch ergänzt werden?

Tipps zum Schreiben einer Nacherzählung

- Überlege dir, wer in der Geschichte eine Rolle spielt!
- Gliedere den Text in Handlungsschritte. Schreibe sie dir in Stichworten oder kurzen Sätzen auf!
- Erzähle den Text möglichst mit eigenen Worten nach!
- Überprüfe, ob der Handlungsverlauf mit der Vorlage übereinstimmt!

c Überarbeite deine eigene Nacherzählung mithilfe der Tipps!

3 Fabelhafte Tiere

Wilhelm Kaulbach, Am Hofe des Löwen (Stahlstich)

a Du kennst sicher noch andere Tiere, die in Fabeln vorkommen. Welche Eigenschaften sagt man ihnen nach?

Löwe: mächtig, ...; Fuchs: ...; usw.

Das Bild kann dir dabei helfen. Betrachte die dargestellten Tiere ganz genau! Achte jeweils auf den Gesichtsausdruck, die Körperhaltung, ...!

4 Die Gans

(1) Sie war stolz auf dieses Geschenk der Natur und glaubte, eher einem Schwan zu gleichen als einer Gans.
(2) Und trotz aller Bemühung brachte sie es nicht weiter, als dass sie statt eines Schwans nur eine lächerliche Gans wurde.
(3) Einsam und majestätisch schwamm sie auf dem Teich herum.
(4) Doch vergebens, er war zu steif.
(5) Weil sie aber unbedingt genau wie ein Schwan aussehen wollte, dehnte sie ständig ihren Hals und bog ihn, um ihm die richtige Krümmung zu geben.
(6) Eine Gans hatte Federn, die waren weißer als der Schnee.
(7) Und so sonderte sie sich von ihren Artgenossen ab.

nach Lessing

a Bringt die Sätze in Partnerarbeit in die richtige Reihenfolge und lest den Text vor!

b Wie findet ihr das Verhalten der Gans? Welche Eigenschaft wird ihr zugeschrieben?

c Schlagt euer Buch zu und erzählt die Geschichte mündlich nach!

d Schreibt eine Nacherzählung! Vergleicht mehrere Ergebnisse!

▶ S. 80 ff., Texte überarbeiten

✶e Male ein Bild von der Gans und einem Schwan in dein Heft!

5 Der Frosch

Ein eingebildeter Frosch hockte im Sumpf, umgeben von jungen Fröschen. Er schaute hoheitsvoll zu, wie sie im moorigen Wasser herumhüpften und spielten. Während er seine Blicke schweifen ließ, entdeckte er auf einmal einen Ochsen, der am Rand des Sumpfes sein Futter suchte und langsam und behäbig die saftigsten Pflanzen fraß. Dieser Ochse war groß und stark. Der Frosch ärgerte sich, dass er kleiner war, denn er wollte unbedingt so groß wie der Ochse sein. „Ich werde mich aufblasen“, überlegte er sich, „und dann werde ich so groß sein wie er.“ Er blies sich auf, so viel er konnte, dabei ächzte und stöhnte er vor Anstrengung. Etwas atemlos rief er dann den kleinen Fröschen zu: „Bin ich nun so stark wie der Ochse?“ – „Nein!“, quakten die kleinen Frösche etwas schadenfroh. Der Frosch blies sich noch stärker auf und fragte wieder: „Bin ich jetzt so groß?“ – „Noch immer nicht“, antworteten die kleinen Frösche spöttisch. Da dachte sich der eitle Frosch, dass nun aber wirklich nicht mehr viel fehlen könne, und blähte sich mit größter Anstrengung und letzter Kraft noch mehr auf – und noch mehr – und noch mehr – und auf einmal zerplatzte er!

nach Aesop

a Stell dir noch einmal den Ablauf der Geschichte vor!

b Schreibe eine Nacherzählung! Überlege dir, ob du zuerst die Handlungsschritte auf einem Stichwortzettel notieren willst!

c In dem Text kommen viele wörtliche Reden vor. Überprüfe, ob du das in deinem Aufsatz berücksichtigt hast!

▶ R S. 175 ff., Zeichensetzung bei der wörtlichen Rede

Nacherzählen

Nacherzählen heißt, eine Geschichte mit eigenen Worten so wiederzugeben, dass die anderen eine möglichst genaue Vorstellung vom Original erhalten.

- Stell dir den Ablauf der Geschichte noch einmal vor!
- Notiere die Handlungsschritte in Stichworten oder kurzen Sätzen!
- Beachte die richtige Reihenfolge und vergiss keinen wesentlichen Handlungsschritt!
- Erfinde nichts Neues hinzu!
- Vermeide unnötige Wiederholungen!
- Schreibe im Präteritum!

In der Gedichtwerkstatt

1

Der Holzwurm

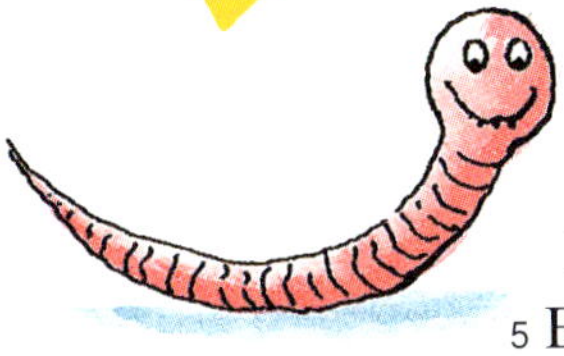

Der bunte Finke baut sein Nest dem schönsten Waldbaum ins Geäst. „Am Ersten soll die Hochzeit sein. Der Baum ist mein!“ Da kommt ein Mann im Jägerkleid und misst den Baum, wie hoch, wie breit, und gräbt dem Stamm ein Zeichen ein. „Der Baum ist mein.“ Ein kleiner Wurm, man sieht ihn kaum, guckt mit dem Köpflein aus dem Baum und lacht und spricht ganz leise: „Nein, der Baum ist mein.“

Rudolf Baumbach

a Schreibe den Text so ab, dass wieder ein richtiges Gedicht entsteht! Tipp: Am PC mit dem Textverarbeitungsprogramm ausprobieren!

b Lest das Gedicht laut und erprobt verschiedene Betonungen und Stimmlagen!

c Wer hat eurer Meinung nach recht?

⋆d Malt ein Bild von dem Baum und seinen „Eigentümern“!

⋆e Schreibt das Gedicht mit dem Computer und gestaltet das Textblatt.

Tipps zum Reimen

- Achte auf Reimwörter! Jede (Vers-)Zeile endet hier mit einem Reimwort.
- Schreibe jeden Vers auf eine eigene Zeile!
- Fasse jeweils einige (Vers-)Zeilen sinnvoll zu einer Strophe zusammen!
- Trenne jede Strophe mit einem farbigen Strich von der nächsten!

★ 2

fünfter sein

tür auf
einer raus
einer rein
vierter sein

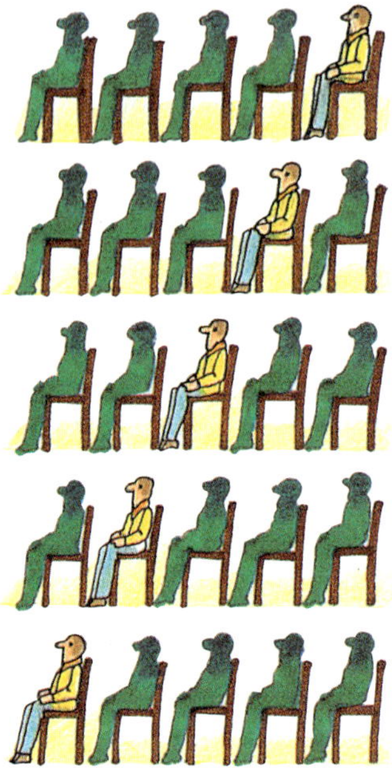

tür auf
einer raus
einer rein
dritter sein

tür auf
einer raus
einer rein
zweiter sein

tür auf
einer raus
einer rein
nächster sein

tür auf
einer raus
selber rein
tagherrdoktor

Ernst Jandl

a Lest das Gedicht erst leise, dann alle gemeinsam laut! Klopft oder klatscht den Takt mit!

b Spielt das Gedicht!

Beispiel:
Ein Patient geht gebückt und hält sich das Kreuz, einer verzögert alles, weil er nicht merkt, dass er bereits an der Reihe ist …

3 Sehnsucht nach dem Frühling

Text: Chr. A. Overbeck
Musik: W. A. Mozart

Wortspeicher:
ach – doch – grün – einmal – kleinen – Komm – mache – gerne – lass

a Schreibe den Text des Liedes in Gedichtform in dein Heft! Fülle dabei die Lücken ____ mithilfe des Wortspeichers!

b Lernt das Lied auswendig und singt es!

✶c Fallen euch Lieder zu anderen Monaten und Jahreszeiten ein? Schreibt sie in Gedichtform auf und untersucht Taktfolgen, Reime, Verse und Strophen!

Bittet eure Musiklehrerin oder euren Musiklehrer um Hilfe!

4 Katharina

Katharina, Katharine

große Leute Suppe schlürfen?
Warum dürfen sie laut gähnen,

an die Eltern diesen Brief:
Sagt mir einmal, warum dürfen

warum stochern in den Zähnen,
weshalb dürfen sie in Ohren

Warum habe ich die Pflicht
einem Musterkind zu gleichen

schrieb auf einer Schreibmaschine
nachts um zwölf, als alles schlief,

Fragezeichen

mit dem kleinen Finger bohren?
Warum darf ich's aber nicht?

Hans Manz

a Setze die einzelnen Teile des Gedichts richtig zusammen und übertrage es in dein Heft!

b Welche Hinweise in den einzelnen Teilen haben dir beim Zusammensetzen geholfen?

c Bereite das Gedicht zum Vorlesen vor!

▶ S. 21, Tipps zum Vorlesen

⋆d Schreibe selbst einen gereimten „Brief“ an deine Lehrerin oder deinen Lehrer!

▶ S. 51, Reimen

5 Reimpaare

unsere Realschule

... Pause
... sause

... Klasse
... ?

... ?
... ?

mein Heimatort

... Rathausturm
... Regenwurm

... ?
... ?

... leben
... ?

Tier-ABC

... ?
... ?

... Affen
... schaffen

... Bär
... ?

a Entscheidet euch für einen der Begriffe und sammelt Reimpaare!

b Ergänzt die Reimpaare zu lustigen, lehrreichen oder stimmungsvollen Versen!

***c** Schreibt eure Gedichte sauber ab und gestaltet sie mit Bildern! Hängt die Gedichtblätter in eurem Klassenzimmer aus!

***d** Stellt zu einem Rahmenthema einen Gedichtband mit euren besten selbst verfassten Gedichten zusammen!

6

```
o r d n u n g     o r d n u n g
o r d n u n g     o r d n u n g
o r d n u n g     o r d n u n g
o r d n u n g     o r d n u n g
o r d n u n g     o r d n u n g
o r d n u n g u n o r d n     g
o r d n u n g     o r d n u n g
o r d n u n g     o r d n u n g
o r d n u n g     o r d n u n g
o r d n u n g     o r d n u n g
o r d n u n g     o r d n u n g
```

Timm Ulrichs

a Beschreibt, wie der Verfasser Ordnung und Unordnung ausdrückt!

b Stellt nach diesem Muster folgende Begriffe dar:

– Halbmond
– Leiter
– Schnecke

Sucht nach weiteren Wörtern!

***c** Entwerft am Computer Textblöcke zu den Wortpaaren *groß – klein, dunkel – hell!*

▶ S. 68 f., Am Computer schreiben

Beispiel:

laut	**laut**	**laut**	**laut**	**laut**	**laut**
laut	**laut**	**laut**	**laut**	**laut**	**laut**
laut	**laut**	**laut**	leise	**laut**	**laut**
laut	**laut**	**laut**	**laut**	**laut**	**laut**
laut	**laut**	**laut**	**laut**	**laut**	**laut**

Ernst Jandl

Was es nicht alles gibt!

Es kann sein, dass du manche Texte in Büchern, Zeitschriften oder im Internet nicht gleich verstehst. Damit du aber dem Inhalt auf die Spur kommst und dir vor allem das Wichtigste merken kannst, gibt es eine Reihe von Hilfen. Es ist gar nicht schwer, sie auch richtig anzuwenden. Manchmal wirst du nach einer Auskunft gefragt oder sollst über eine Beobachtung, die du gemacht hast, berichten. Dann musst du dich bemühen, so genau wie möglich zu informieren.

Arabische Vollblutpferde – sie gelten als die edelste Pferderasse der Welt. Schönheit und Adel, Ausdauer und Härte sind Eigenschaften, die arabische Pferde in reichem Maße auszeichnen und die ihnen die Bewunderung und Liebe vieler Pferdefreunde eingetragen haben. Wohl keine andere Pferderasse hatte einen ähnlichen Einfluss auf viele Pferderassen in der Welt, wie das arabische Vollblut. Über Jahrhunderte haben arabische Pferde als Veredler auf Rassen wie Andalusier, Lipizzaner oder Trakehner eingewirkt und das Englische Vollblut wäre ohne seine arabischen Stammväter – Darley Arabian, Godolphin Arabian, Byerley Turk – die „Trinker der Lüfte", nicht denkbar.

Schulbuchtexte lesen und verstehen

Wenn du etwas nicht weißt oder kennst, kannst du Bücher zurate ziehen. Ein Lexikon ist ein alphabetisch geordnetes Nachschlagewerk. Daneben kann dir aber auch ein Atlas oder ein Sachbuch bei der Informationssuche helfen. Das solltest du an einem Beispieltext aus einem Erdkundebuch im folgenden Kapitel üben.

1 Oberflächenformen in Süddeutschland

Die **Gletscher,** die man heute findet, sind nur ein bescheidener Rest jener riesigen Eismassen, die vor langer Zeit den Alpenraum bedeckt haben.

Vor etwa zwei Millionen Jahren änderte sich das Klima. Die durchschnittliche Jahrestemperatur sank etwa um 6° C ab, Bewölkung und Niederschläge nahmen zu. Dadurch taute der Schnee in den Gebirgen nicht mehr ab. Bis zu 2000 Meter mächtige Gletscher erfüllten die Alpentäler und drangen in das **Alpenvorland** hinaus. Die Eismassen türmten sich am Alpenrand noch bis zu 1000 Meter hoch auf.

Vor den Gletschern war der Boden so tief gefroren, dass er nur mehr in den Sommermonaten an der Oberfläche auftaute. Darum konnte sich nur eine niedrige Pflanzendecke mit Moosen, Flechten und Zwergsträuchern entwickeln. In ganz Süddeutschland wuchsen während der **Eiszeiten** keine Wälder. Die Eiszeiten wurden durch wärmere Abschnitte mehrmals unterbrochen.

Die mächtigen Gletscher, die während der Eiszeiten die Alpen überzogen und in das Alpenvorland vordrangen, haben typische Formen der Erdoberfläche geschaffen. In den Alpen entstanden durch die ausschürfende und abschleifende Wirkung des Eises zwei Formen: die **Kare** und die **Trogtäler**. Im Alpenvorland haben die Gletscher **Zungenbecken** ausgeschürft, die große Tiefen erreichen können. Fast alle bedeutenden Seen des Alpenvorlandes sind **Zungenbeckenseen**.

Von den Hängen im Gebirge bröckelt ständig Gestein ab, das auf den Gletscher fällt. Beim Vorwärtsrücken reißt das Eis aus dem Untergrund und aus den Seitenwänden Felsbrocken heraus. Den zerkleinerten, kantigen und durcheinanderliegenden Gesteinsschutt schiebt der Gletscher wie eine riesige Planierraupe vor sich her. Kommt das Eis zum Stehen, lagert es das Material seitlich und am **Zungenende** als **Moräne** ab. Die **Endmoränenzüge** sind im Alpenvorland als weite, geschwungene Wälle gut zu erkennen. Sie zeigen uns heute die Nordgrenze der Vereisung an. Die abfließenden Schmelzwasser führten während der Eiszeiten große Mengen an Geröll, Kies, Sand (Schotter) mit. Diese wurden vor den **Endmoränen** als weite **Schotterfelder** aufgeschüttet. Die Abfolge von Zungenbecken, Moränen und Schotterfeldern nennt man „**glaziale Serie**“ (vom Lateinischen glacies = Eis).

Während der Eiszeiten konnten sich in unseren Mittelgebirgen an den höchsten Berggipfeln kleine Gletscher entwickeln. Diese wurden aber nur bis zu 50 Meter hoch und einige Kilometer lang. Auch sie sind aus Karen herausgewachsen. Der Große und Kleine Arbersee, der Rachelsee im Bayerischen Wald oder der Feldsee und Titisee im Schwarzwald sind schöne Beispiele solcher **Karseen** und damit Zeugen der Eiszeiten.

a Kennt ihr solche Seen oder Gletscher?

b Welche Textstellen sind euch unklar? Schreibt sie an die Tafel!

c Klärt diese Textstellen! Dazu gibt es folgende Hilfen:

- euch gegenseitig fragen
- Informationen im Internet suchen
- im Lexikon nachschlagen
- den Atlas benützen
- aus dem Text erschließen

Beispiel: *Zungenbeckensee, Zeile 22: nach dem Abschmelzen des Eises entstanden, vorher durch Gletscherzungen ausgeschürft;*

► R S. 139 f., Nachschlagen

d In Schulbüchern sind Begriffe oft in Fettdruck hervorgehoben. Schreibt sie heraus und erklärt sie in Stichworten oder in einem Satz!

Beispiele: *Gletscher, Zeile 1: Gletscher sind Eisströme, die sich von den Bergen langsam abwärts bewegen*

Eiszeiten, Zeile 14: Zeitraum der jüngeren Erdgeschichte

2 Das Alpenvorland in der letzten Eiszeit

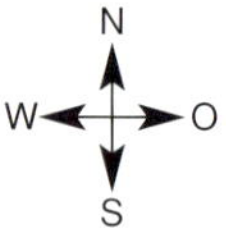

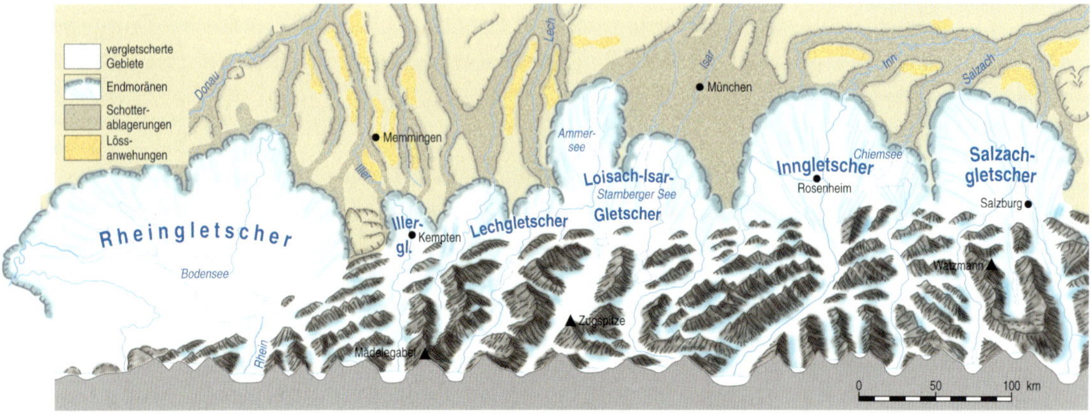

a Erklärt anhand der Karte, wie weit sich die Gletscher ausgedehnt haben!

b Denkt euch Fragen zum Text und zum Bild aus, wie sie der Erdkundelehrer oder die Erdkundelehrerin stellen würde, und beantwortet sie!
Beispiele:
– *Was sind Grundmoränen?*
– *Was sind Endmoränen?*
– *Wie sind Zungenbeckenseen entstanden?*
– …

✶c Was würdet ihr auf einen „Spickzettel“ schreiben?

✶d Bringt Bilder mit, die eiszeitliche Oberflächenformen zeigen, und stellt sie aus!

✶e Ihr könnt euch dazu Informationen aus dem Internet holen!

Tipps zum Verstehen von Schulbuchtexten

- Lies den Text gründlich!
- Kläre Fachausdrücke, indem du sie zum Beispiel im Lexikon nachschlägst, den Anhang des Schulbuchs benutzt oder sie aus dem Textzusammenhang erschließt!
- Überlege dir Fragen und die dazugehörigen Antworten zum Text und zu den Bildern!
- Achte auf wichtige Aussagen in Zeichnungen und Bildern!
- Frage deine Lehrerin oder deinen Lehrer!
- Schreibe einen „Spickzettel“! Probier am Computer aus, wie klein du die Schrift formatieren kannst, sie aber trotzdem noch lesbar ist.

Sachtexte erschließen

1 Schülerinnen und Schüler sprechen über ihre Hobbys. Kathrin hat ein Foto mitgebracht, das sie mit einem Pony zeigt. In jeder freien Minute geht sie in einen Reitstall. Dort pflegt sie mehrere Pferde und nimmt Reitstunden.

a Hast du auch ein Hobby?

b Überlege dir, wie du es in der Klasse vorstellen kannst!

2 Unsere Pferde

Jede Herde wird von ihrem Leithengst angeführt

Einen Eindruck, wie groß und kräftig diese Tiere sind, bekommst du erst, wenn du sie von Nahem siehst. Wenn auf einer Koppel die Pferde so nahe an den Zaun kommen, dass man sie an der Nase und am Hals streicheln kann, erkennt man unter dem Fell die kräftigen Muskeln. Wie leicht und elegant ein Pferd über Hindernisse springt, kannst du bei jedem Reitturnier beobachten.

Die Vorfahren unserer Hauspferde waren die Wildpferde. Sie lebten in Herden in den unendlich weiten Steppen Osteuropas und Asiens. Zur Futtersuche zogen sie weit umher. Wurde die Herde von Raubtieren angegriffen, musste sie sich durch Flucht in Sicherheit bringen. Das gelang natürlich nur, wenn die Wildpferde schnell laufen konnten. Aufgrund ihres Körperbaus und ihrer Kraft sind auch die Nachkommen der Wildpferde schnelle oder ausdauernde Läufer.

Wildpferde

Durch ihre Lebensweise als Herdentiere waren die Pferde von Natur aus daran gewöhnt, einem Leittier zu folgen. Wenn der Mensch diese Rolle übernimmt, folgt ihm das Pferd. Es ist gelehrig und lässt sich an Sattel und Zaumzeug sowie an bestimmte Aufgaben gewöhnen. Die natürlichen Eigenschaften des Pferdes hat sich der Mensch zunutze gemacht.

Entsprechend der Verwendung der Pferde wurden daher verschiedene Rassen gezüchtet. Die Pferderassen kann man in zwei große Gruppen einteilen: die Warmblut- und Kaltblutpferde. Dabei bezeichnet „warm“ und „kalt“ nicht die Temperatur, sondern das Temperament der Pferde. Eine dritte Gruppe bilden die Kleinpferde oder Ponys.

Warmblutpferde sind temperamentvoll und schlank. Für sie wird oft der Begriff „edel“ gebraucht. Unter den Warmblutpferden gelten Araber und Englische Vollblüter als besonders gute Rennpferde. Deutsche Warmblüter sind zum Beispiel die Trakehner, die Württemberger und die Hannoveraner. Sie sind gute Reit- und Wagenpferde. Von spanischen Warmblutpferden stammen die wilden Mustangs in Nordamerika ab. Sie sind keine Wildpferde, sondern verwilderte Hauspferde. Sie lebten früher in großen Herden und wurden von Siedlern und Indianern eingefangen. Heute werden sie nur noch für Rodeos gezüchtet.

Kaltblutpferde wie Rheinisch-Deut-

Stute und Fohlen

sches Kaltblut oder Süddeutsches Kaltblut sind größer und schwerer als die anderen Hauspferde. Sie sind zwar langsam, aber besonders stark. Daher sind sie zum Ziehen schwerer Wagen und zur Landarbeit gut geeignet. Aber auch in der Landwirtschaft werden diese Arbeitspferde heute bei uns durch Maschinen ersetzt. Zur Gruppe der Ponys gehören die kleinen Pferderassen, deren Rückenhöhe weniger als 1,50 m beträgt. Das sind zum Beispiel Shetland-Ponys, Island-Ponys, Fjord-Pferde, Haflinger und die Camargue-Pferde.

a Erzählt in der Klasse eigene Erlebnisse mit Pferden!

b Klärt die unbekannten Begriffe! Wenn euch der Text keine Hinweise gibt, müsst ihr in einem Wörterbuch nachschlagen. Beispiel: *Zeile 75: Rodeo (spanisch), amerikanisches Reiterspiel*

c Was haben die Bilder mit dem Text zu tun?

d Beschreibt das Aussehen des Textes!

e Jetzt könnt ihr euch schon mit Einzelheiten des Textes beschäftigen. Beantwortet die folgenden Fragen:
- Wie können sich Wildpferde vor Raubtieren in Sicherheit bringen?
- Erkläre „Herdentier“ und „Leittier“!
- Warum konnten Pferde von Menschen leicht gezähmt werden?
- In welche Gruppen kann man die Pferderassen einteilen?

⋆f Schreibt selbst Fragen zum Text auf einen Zettel und tauscht sie untereinander aus! Welche können leicht, welche nur schwer beantwortet werden?

⋆g Mit einer Tabelle könnt ihr euch eine Übersicht anlegen, die man sich leicht einprägen kann. Übertragt sie in euer Heft, vervollständigt sie und vergleicht eure Einträge!

	Warmblutpferde	?	?
Kennzeichen	temperamentvoll	?	?
Arten	Araber	?	?

✶ 3

Vorschlag für ein „Expertenspiel"

Ihr könnt so vorgehen:

- Jeder/jede schreibt zunächst ein Hobby oder etwas, für das er/sie sich besonders interessiert, auf einen Zettel.
  Beispiel: *Fußball, Aquarium, Urwald, Eskimos, …*
- Tauscht die Zettel untereinander aus und notiert darauf einige Fragen zu den angegebenen Hobbys!
  Beispiel: *<u>Pferde</u>*
  Welche Pferderassen gibt es?
  Sind alle Pferde zum Reiten geeignet?
  Wo gibt es heute noch Wildpferde?
  …
- Gebt nun die Zettel dem Mitschüler/der Mitschülerin zurück! Er/Sie versucht, Antworten zu geben.
- Manche Frage wird sich nicht sofort klären lassen. Die „Experten" müssen sich erst informieren. Sie berichten der Klasse anschließend über die Ergebnisse.
- Richtet in eurer Klasse eine „Expertenecke" ein! Stellt Texte und Bilder zu den jeweiligen Themen zusammen!

4 Schlepp' dich nicht dumm und krumm!

Mit jedem Heft oder Buch, das du unnötig in deinem **Schulranzen** herumschleppst, machst du dir das Leben schwerer. Lehrerinnen und Lehrer stellen immer wieder fest: „Es gibt Schulkinder, die ständig sämtliche Hefte und Bücher für alle Unterrichtsfächer samt Turnzeug, einem Stapel Comic-Hefte und Lieblingsspielzeug durch die Gegend ziehen."

Das ist einmal recht unpraktisch, weil du in einem so voll gestopften **Schulranzen** nichts findest. Außerdem macht es doch wirklich keinen Spass, mehr zu tragen, als unbedingt sein muss. Und besonders gesund ist die Schlepperei für Kinder auch nicht. Gerade wenn du einen langen Schulweg hast, solltest du auf das Gewicht deines **Schulranzens** achten. Als Faustregel gilt: Der **Schulranzen** soll nicht schwerer sein als ein Zehntel deines eigenen Gewichts.

Ernsthafte Schäden kannst du dir zuziehen, wenn du anstatt eines **Schulranzens** eine überladene Schulmappe mit dir herumschleppst. Sie zieht dich regelrecht schief, was zur Folge haben kann, dass deine Wirbelsäule nicht mehr gerade wächst. Und dann trägst du an der Schulmappe für den Rest deines Lebens. Wenn du jünger als 11 Jahre bist, rät dir der Kinderarzt dringend ab, eine Schulmappe zu tragen. Ganz einfach, weil er weiß, wie sehr dadurch deine Haltung geschädigt werden kann. Übrigens: Auch wenn du mit deiner Klasse oder deinen Eltern eine Wanderung machst, tust du dir keinen Gefallen, wenn du deinen Rucksack übervoll packst. Auch hier gilt: Er soll nicht schwerer sein als ein Zehntel deines Gewichts. Ein Rucksack, der tief im Kreuz sitzt, ist für deinen Rücken schlecht und für dich unbequem.

a Was ist heute in deinem Schulranzen überflüssig?

b Der Begriff „Schulranzen“ kommt mehrmals im Text vor. Schreibt jeweils den ganzen Satz in euer Heft!

c Schließe das Heft und gib den Inhalt aus dem Gedächtnis wieder! Schreibe einen „Spickzettel“!

d Wie viel darf dein Ranzen wiegen?

e Erkläre den Satz: „Und dann trägst du an der Schulmappe für den Rest deines Lebens.“

Über Alltägliches informieren

1 Über den Schulweg informieren

Florian ist neu in der Klasse. Er berichtet:
„Also, ich wohne ungefähr 15 Kilometer von der Schule hier weg. Ich muss mit dem Bus fahren und dann noch umsteigen. Dumm ist, dass ich erst noch zehn Minuten zur Haltestelle laufen muss. Ich gehe jeden Morgen schon ganz früh aus dem Haus.“

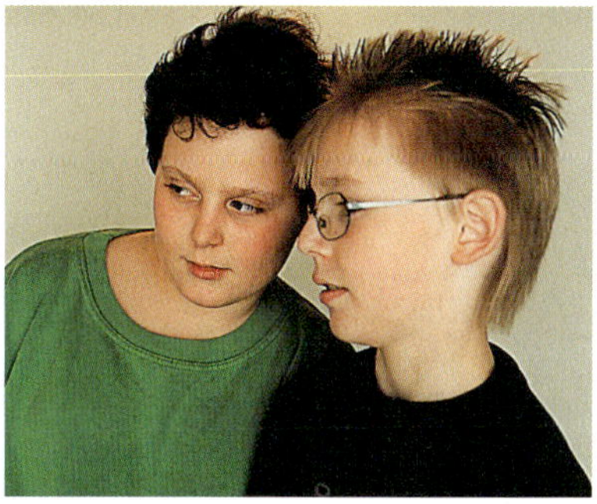

a Florian hat sich recht unklar ausgedrückt. Welche Fragen haben die Mitschüler noch?

b Informiert euch gegenseitig über euren Schulweg! Berichtet genau und der Reihe nach!

2 Über Gefahrenstellen auf dem Schulweg informieren

a Berichtet, welche Gefahren auf dem Schulweg lauern können!

b Warst du schon Zeuge/Zeugin eines Unfalls? Berichte!

c Entwerft ein Plakat mit Verhaltensregeln auf dem Schulweg! Ihr könnt folgende Situationen berücksichtigen:
- Überqueren der Straße
- Ein- und Aussteigen an der Bushaltestelle
- Fahrradfahren auf dem Schulweg

3 Über den Umgang mit dem Computer informieren

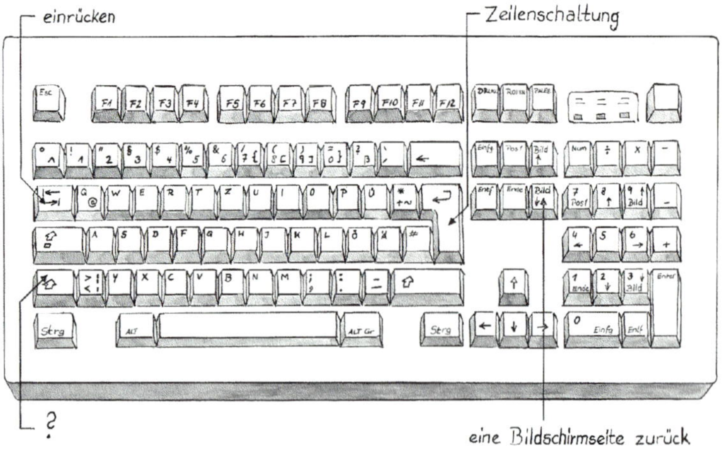

a Besprecht in Gruppenarbeit den Aufbau der Computertastatur! Welche Zeichen sind euch unbekannt? Malt diese mit eurer Gruppennummer an die Tafel!

b Wer die unbekannten Zeichen an der Tafel kennt, informiert die entsprechende Gruppe.

c Sicherlich gibt es in eurer Klasse schon „Computerspezialisten". Überlegt euch für sie Fragen zum Arbeiten mit dem Textverarbeitungsprogramm an den Schulcomputern (Partnerarbeit).
Beispiele: *Wie startet man das Programm? Wie speichert man einen Text ab? Wie öffnet man eine Datei? …*

d Die Experten und Expertinnen bereiten Antworten auf eure Fragen vor und informieren euch an den PCs (Gruppenarbeit).

4 In einem Interview Informationen einholen

Die Klasse 5a fuhr für eine Woche ins Schullandheim. Die Parallelklasse plant auch einen Aufenthalt. Jens und Kathrin aus der 5b holen bei Ina und Farid Auskünfte ein. Das Interview soll auch in der Schülerzeitung erscheinen.

JENS: Wo wart ihr eigentlich genau?
INA: Wir waren auf Burg Wernfels bei Spalt.
KATHRIN: Und von wann bis wann?
FARID: Letzte Woche von Montag bis Freitag.
JENS: Sind eigentlich alle aus eurer Klasse mitgefahren?
INA: Nein. Leider wurden Moritz und Stefanie krank.
KATHRIN: Wie lange hat die Fahrt gedauert?
FARID: Nur eine halbe Stunde.

a Welche Fragen würdet ihr den beiden noch stellen? Denkt an die Fragewörter!

b Bereitet ein Interview vor! Fragt zum Beispiel den Hausmeister:
– *Wann beginnen Sie morgens mit Ihrer Arbeit?*
– *Was tun Sie als Erstes im Schulhaus?*
– *Worum müssen Sie sich tagsüber kümmern?*
– *Worüber ärgern Sie sich besonders in der Schule?*

Ergänzt weitere Fragen!

▶ G S. 128, Fragesatz, Fragewort

c Interviewt auch euren Schulleiter, euren Konrektor, eure Schulsekretärin, einen Sportlehrer nach dem Sportfest, die Schülersprecherin oder den Schülersprecher!

Tipps für Interviews

- Bereitet Fragen für ein Interview vor!
- Teilt höchstens drei „Schulhausreporter“ ein!
- Nehmt einen Kassettenrekorder mit!
- Überlegt, wer die Fragen stellen und wer das Interview aufnehmen soll!
- Fragt euren Gesprächspartner vor dem Interview höflich um Erlaubnis und bedankt euch anschließend!
- Spielt das Interview ab und schreibt das Wichtigste in Stichworten mit!
- Legt vor der Veröffentlichung eurem Gesprächspartner den Text vor!

✶d Eure Interviews könnt ihr der Redaktion der Schülerzeitung geben!

5 Sich über Fernsehgewohnheiten informieren

5.30 Kinderprogramm
5.30 Panther-Show **(ab 6)** 5-248-517
6.00 Tierstunde **(ab 6)** 69-604
7.00 In den Weiden **(ab 4)** 11-888
7.20 Paddington Bär **(ab 3)** 2-479-449
7.30 Pumuckl TV **(ab 6)** 31-807
8.30 Sesamstraße **(ab 3)** 2-772
9.00 Tigerenten Club **(ab 5)** 8-954-604
10.25 Kopfball Ratespiel 20-026-710
11.00 Tagesschau 30-975
11.03 Mama ist unmöglich 300-003-265
(ab 6) Comedyserie 97–99 (Wh.)
11.30 Die Sendung mit der Maus 6-352
(ab 3) Lachen und lernen
12.00 Zehn Jahre deutsche Einheit
Die Feiern von CDU 361-062
und FDP (VPS 11.59 = 453-048-246)
Lesen Sie bitte auch Seite 8
14.00 Weltreisen 1-401
Von Göttern (VPS 13.15 = 517-449)
und Geschäftemachern – Pilgerreise zu Chinas Heiligem Berg
14.30 EXPO 2000 Magazin 9-420
15.00 Tagesschau 38-975

15.05 Das Geheimnis in der Wüste
(Il cielo sotto il deserto, 4-415-371
part I) Dtl. / Italien 98. 2 Teile (1)

NEU TV-Abenteuerfilm Zwei verfeindete Brüder auf der Suche nach einer legendären Kultstätte: Archäologe John (Peter Weller) hat sich der Wissenschaft verschrieben. Der habgierige Michael ist hinter den Schätzen her
Mit Ben Cross, Ione Skye, Marco Bonini, Heino Ferch u. a. Regie: Alberto Negrin ohne FSK **85 Min**
2. Teil: am Dienstag um 15.05 Uhr
16.30 Kinder auf dem Eis 3-468
Siege, Schmerz und Tränen. Film über junge Eiskunstlauftalente

17.00 Tagesschau 69-807
17.03 Ratgeber: Heim & Garten
Geplant: Hartriegel / 300-004-197
Pflanzenbörsen / Monets Garten / Kürbisse - www.ard-ratgeber.de
17.30 Ohne meinen Zivi… 7-284
Bericht 2000. Über Arbeit und Zukunft von Zivildienstleistenden
18.00 Tagesschau 95-197
18.05 Der 7. Sinn 1-349-246
18.08 Sportschau 300-571-178
Mit **Fußball** Bundesliga. 7. Spieltag / Sydney: 16. Olympiatag
18.39 Ein gutes Los für alle
Wochengewinner 404-034-468
18.40 Lindenstraße 86-081
Serie, Dtl. 2000. Da, wo es wehtut
Mary durchschaut Olafs Betrug und sinnt auf Rache. Der Streit zwischen Helga und Erich nimmt immer groteskere Formen an.
19.10 Weltspiegel Berichte 5-136-178
19.50 Sportschau-Telegr. 7-501-710
19.58 Abendvorschau 303-421-456
20.00 Tagesschau 54-791

20.15 Udo Jürgens – Mit 66 Jahren 55-059
Die große Geburtstags-Gala. Aufz. vom 9. 9.
Präsentiert von Johannes B. Kerner
Laudatio: Harald Schmidt

Showspecial „Mit 66 Jahren, da fängt das Leben an“, sang Udo Jürgens (bis 1954 Udo Bolan) 1977. Heute ist es für ihn endlich so weit
Seit einem halben Jahrhundert ist Udo Jürgens (bürgerlich: Udo Jürgen Bockelmann) als Komponist, Sänger und Pianist erfolgreich. Spätestens seit Mitte der 70er Jahre bewegen sich seine Lieder im Grenzbereich von Schlager und Chanson. Mehrfach machte er wegen sozialkritischer Texte Schlagzeilen. So wurde u. a. der Titel „Gehet hin und vermehret euch“ (1988) von vielen Sendern boykottiert.
Gäste u. a.: Manfred Krug, Klaus Doldinger, Loona, Xavier Naidoo, Peter Weck, Otto Kern, Rüdiger Hoffmann, Julian Rachlin, Eva Lind, Münchner Sinfoniker, Pepe Lienhardt Band, Udo Lindenberg, Wolfgang Petry, Jörg Knör

a Was würdet ihr euch ansehen? Sprecht darüber!

b Im Durchschnitt sitzen Schüler/innen der Jahrgangsstufen 5 bis 9 zwei Stunden und 30 Minuten täglich vor dem Fernseher.*

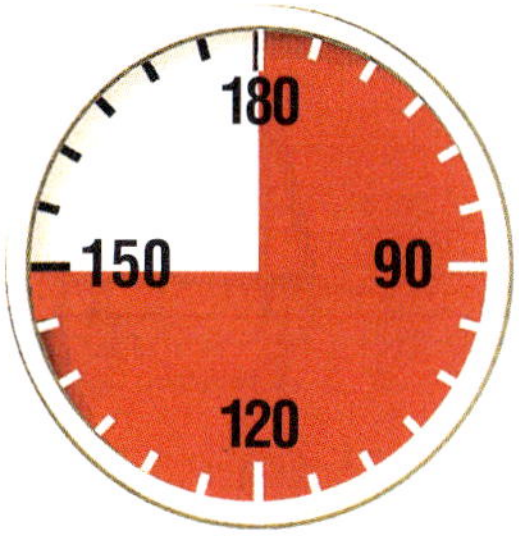

Täglicher Fernsehkonsum von Fünftklässlern einer Realschule:

Fernsehdauer (Minuten)	Schüler/innen
60	15
100	1
120	7
180	1
210	1
360	3

Wie lange siehst du fern? Vergleiche mit der Tabelle!

* Diese Daten stammen von der GfK (Gesellschaft für Konsumforschung).

c Überprüft eure Fernsehgewohnheiten mit einer Umfrage:

Fernsehumfrage

1. Wie lange siehst du täglich fern?
   - ☐ gar nicht
   - ☐ bis 60 Minuten
   - ☐ bis 120 Minuten
   - ☐ mehr als 120 Minuten
2. Schätze, wie viele Stunden du wöchentlich (einschließlich Wochenende) vor dem Fernseher verbringst!
   ... Stunden
3. Wann siehst du am häufigsten fern?
   - ☐ nachmittags
   - ☐ zwischen 18 und 20 Uhr
   - ☐ abends
4. Warum siehst du fern?
   - ☐ aus Langeweile
   - ☐ zur Information
   - ☐ weil ich es spannend finde
5. Welche Sendungen bevorzugst du?
   - ☐ Shows
   - ☐ Sport
   - ☐ ...

Welche Fragen wollt ihr noch stellen? Sammelt sie und entscheidet gemeinsam!

d Nach eurer Umfrage habt ihr eine Menge Antworten. Überlegt, wie ihr sie auswerten und darstellen könnt!

e Sprecht über die Ergebnisse eurer Umfrage! Sicher gibt es Überraschungen, etwas zum Nachdenken, etwas zum Lachen, zum Diskutieren, ...

f Schaut euch gemeinsam eine Sendung an. Beurteilt in Gruppenarbeit Inhalt, Darsteller/innen ... Gestaltet eure Ergebnisse auf einer Wandzeitung!

***g** Welchen anderen Freizeitbeschäftigungen geht ihr nach?

Erzähl doch mal!

Wenn du mit offenen Augen durch die Welt gehst, kannst du jeden Tag Neues entdecken und erleben. Natürlich ist nicht alles, was dir begegnet, angenehm oder lustig. Manchmal macht dir etwas Angst oder du kommst alleine nicht zurecht. Dann ist es gut, wenn du guten Freunden alles erzählen und berichten kannst, so, wie es die Schüler in den folgenden Kapiteln tun.

Von seinen Wünschen und Erlebnissen erzählen

1

Miriam erzählt: „Ich möchte gern ein Tier haben, und zwar einen kleinen Hund. Eigentlich hätte ich lieber einen großen, aber das erlauben meine Eltern nicht. Unser Nachbar hat auch einen Hund, der sieht so komisch aus, aber er ist sehr lieb. Er kann auch lustige Kunststückchen und frisst nur ganz bestimmte Sachen."

a Welche Fragen hast du an Miriam?

b Hättest du auch gern einen Hund? Erzähle!

***c** Wer hat ein Haustier?

2

Ratespiel: Welches Tier ist das?

Ein Schüler/eine Schülerin beschreibt sein/ihr Haustier oder das eines Bekannten. Er/sie verrät aber nicht, um welches Tier es sich handelt. Das müssen die anderen erraten.
Zum Beispiel sagt Eva: „*Mein Haustier ist so groß wie eine Faust. Es hat einen zehn Zentimeter langen Schwanz und schimmert wunderschön. Am liebsten frisst es Hirse und Apfelstückchen …*"

Ihr könnt auch Fragen stellen.

3

– Sebastian kommt von einer Geburtstagsfeier nach Hause und seine Eltern fordern ihn auf: „Erzähl doch mal! Wie …?"

– Susi trifft nach einer Ferienreise ihre Freunde wieder. Sie stürzen auf sie zu und rufen: „Wie war's denn? Erzähl doch!"

– Jörg kommt enttäuscht und niedergeschlagen vom Spielen zurück. Seine Mutter fragt: „Was war denn los?"

– Pia war Augenzeugin eines aufregenden Geschehens und alle bedrängen sie: „Sag doch, wie war's denn nun eigentlich?"

Versetzt euch in die Lage der Mädchen und Jungen und erzählt.

Ein Erlebnis aufschreiben

Eine schriftliche Erzählung planen und entwerfen

Wenn du ein Erlebnis aufschreibst, solltest du nicht einfach loslegen, sondern erst überlegen, was du schreibst und wie du dabei vorgehst. Also: Nichts überstürzen!

1 Der Mäusebussard und die Gummimaus

Es war an einem Mittwoch in der Biologiestunde. Der Lehrer, Herr Pilz, zeigte einen ausgestopften Mäusebussard.
Die Schüler jubelten. Endlich ein neues Thema! Der Lehrer zeichnete einige Skizzen an die Tafel. Geduldig erklärte er, wie der Mäusebussard Mäuse fängt. „Der Mäusebussard kreist über seinem Revier. Sobald er mit seinen scharfen Augen die Beute erblickt, stürzt er sich darauf." Herr Pilz erklärte noch weiter. Alle lauschten gespannt.
„So, und nun zeichnet mit dem Partner eine Skizze des Beutefangens!" Peter und Andi rückten näher zusammen. Sie holten sich Bleistift und Papier. Peter flüsterte: „Du, Andi, ich hab eine Idee! Du hast doch zu Hause eine Gummimaus. Nimm sie heute Nachmittag mit auf die Wiese! Wir wollen den Mäusebussard, der bei uns sein Revier hat, austricksen!"
Wie besprochen, trafen sie sich auf der Wiese. Andi hatte die Gummimaus dabei. Sie banden einen Faden um die Schnauze der Maus und versteckten sich hinter einem Busch. Gespannt warteten sie auf den Vogel. Die Buben zitterten vor Aufregung! Plötzlich zeigte sich am Himmel ein winziger Punkt. Er kam näher und näher. Jetzt erkannte man ihn genau.
Peter flüsterte: „Da ist er! Wird er die Maus sehen?"
Der Raubvogel spannte die beiden ganz schön auf die Folter. Sie wagten kaum, ein Wort zu reden. Die Zeit schien still zu stehen. Langsam zog der Bussard engere Kreise. Plötzlich blieb er in der Luft gleichsam stehen! Hatte er die Maus entdeckt? Der Vogel rüttelte kurz und … Was tat er? Die Jungen bekamen Herzklopfen.
Hoffentlich würde er sie nicht angreifen! Das Tier stieß einen schrillen Schrei aus, rüttelte erneut, schrie noch einmal und stürz-

te sich in die Tiefe. Wie ein Stein ließ es sich in Richtung Maus fallen. „Schnell weg!“, schrie Andi, ließ die Schnur los und rannte davon. Peter lief ihm nach. – Erst in sicherer Entfernung wagten die Buben, sich umzublicken. „Da schau hin!“, stieß Peter hervor. „Er hat die Maus tatsächlich in den Fängen!“ „Jetzt fliegt er weg!“, rief Andi. „Komm, wir sehen nach, ob er die Gummimaus wirklich geholt hat.“ Die Jungen liefen zurück. Die Gummimaus lag noch im Gras. Der Bussard hatte offensichtlich in der Nähe eine richtige Maus gefangen.

a Erzähle die Geschichte nach!

b An welcher Stelle wird die Geschichte spannend? Woran liegt das?

c Könnte die Geschichte auch anders ausgehen?

2 Spannung muss sein

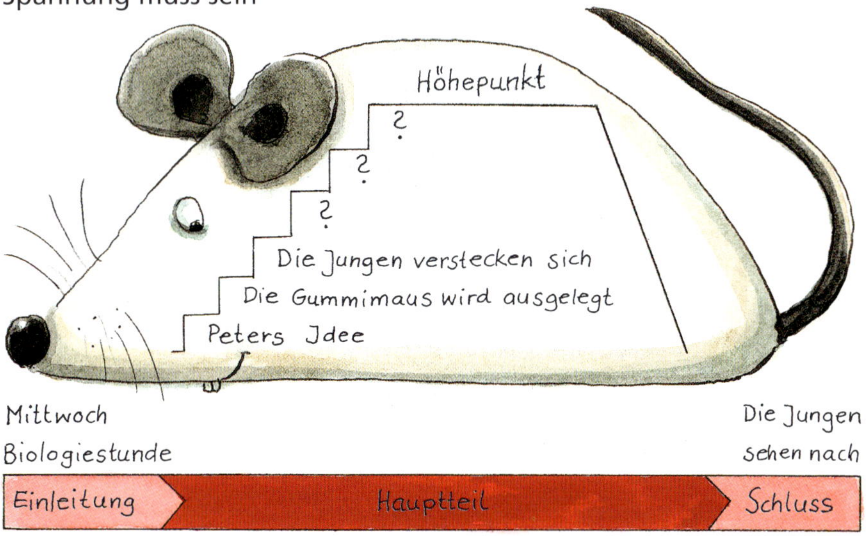

a Zeichne die „Erzählmaus“ in dein Heft und ergänze!

b Erzählungen sind oft besonders spannend. Wo erreicht die Spannung in dieser Geschichte ihren Höhepunkt?

c Schreibe selbst eine spannende Geschichte über ein Erlebnis mit einem Tier!

► G S. 114 ff., Zeitformen

⋆d Ihr könnt eure Geschichten in einem Geschichtenbuch sammeln.

3 Der Nachtvogel

Ein Junge hatte immer große Angst, wenn er nachts allein in der Wohnung sein musste. Seine Eltern gingen oft am Abend fort.

Dann konnte der Junge vor Angst nicht einschlafen. Er hörte etwas rauschen und das war, als ob jemand im Zimmer atmete.

Er hörte ein Rascheln und ein Knacken und das war, als ob sich etwas unter seinem Bett bewegte.

Aber viel schlimmer war der Nachtvogel. Der Junge sah ihn immer ganz still draußen auf der Fensterbank sitzen, und wenn unten ein Auto vorüberfuhr, schlug der Vogel mit den Flügeln und der Junge sah den riesigen Schatten von den Flügeln an der Zimmerdecke.

Der Junge erzählte seinen Eltern von der Angst.

Aber sie sagten nur: „Stell dich doch nicht an! Du bildest dir das alles nur ein.“

Und sie gingen immer wieder am Abend fort, weil sie den Vogel nicht sehen konnten, weil sie das alles nicht glaubten.

Einmal war der Junge wieder allein und es schellte an der Wohnungstür.

Der Junge wurde steif vor Angst.

Wieder schellte es.

Es schellte und schellte.

Dann war es still, lange Zeit war es ganz still. Dann kratzte etwas an der Hauswand. Das war der Vogel! Jetzt kletterte er mit seinen Krallen an der Mauer hoch. Jetzt war er an der Fensterbank. Und jetzt schlug er mit seinem Schnabel an die Scheibe! Einmal, zweimal, immer wieder, immer lauter und gleich würde das Glas zerbrechen, gleich würde der Vogel ins Zimmer springen!

Der Junge packte die Blumenvase vom Tisch neben dem Bett. Er schleuderte sie zum Fenster.

Das Glas zersplitterte. Wind fuhr ins Zimmer, dass der Vorhang hoch an die Wand schlug, und der Vogel war fort.

Auf der Straße unten hörte der Junge seine Eltern rufen.

Er rannte auf den Flur, er fand im Dunkeln sofort den Lichtschalter und den Knopf vom Türöffner. Er riss die Wohnungstür auf und lief den Eltern entgegen.

Er lachte, so froh war er, dass sie da waren. Aber sie schimpften. Ihre schönen Ausgehkleider waren nass vom Blumenwasser.

„Was soll denn das wieder heißen?“, fragte der Vater. „Jetzt ist die Scheibe kaputt!“

„Und mein Mantel! Sieh dir das an!“, rief die Mutter. „Der Nachtvogel war am Fenster“, sagte der Junge. „Der Nachtvogel hat mit seinem Schnabel ans Fenster gepickt.“ – „Unsinn!“, sagte der Vater. „Wir hatten den Schlüssel vergessen und du hast das Schellen nicht gehört. Darum haben wir mit einer Stange vom Bauplatz an dein Fenster geklopft.“

„Es war der Nachtvogel, wirklich!“, sagte der Junge. „Der Nachtvogel war es!“

Aber die Eltern verstanden das nicht. Sie gingen immer wieder am Abend fort und ließen den Jungen allein.

Er hatte immer noch Angst, er hörte immer noch das Rauschen und Rascheln und Knacken. Aber das war nicht so schlimm.

Denn der Nachtvogel kam nie mehr wieder, den hatte er vertrieben. Er selbst hatte ihn vertrieben, er ganz allein.

a Warum hat der Junge Angst?

b Was sieht und hört er? Schreibt die entsprechenden Stellen heraus!

c Hast du schon einmal Angst gehabt? Erzähle!

d Versetze dich in die Lage des Jungen (Zeilen 24–42). Was denkt er und fühlt er? Schreibe seine Gedanken in der Ich-Form auf. Du kannst so beginnen: *„Ich war allein zu Haus, als es plötzlich an der Tür klingelte.“* …

e Warum fürchtet sich der Junge am Ende der Geschichte nicht mehr so sehr?

⋆f Malt zu der Erzählung Bilder und ordnet sie in der Form der Erzählkurve an!

Tipps zum Planen einer Erzählung

Stelle dir folgende Fragen:

- Welches Erlebnis erzähle ich?
- Was kann ich als Höhepunkt ausbauen?
- Wie kann ich spannend erzählen?
- Wie beginne ich?
- Wie schließe ich?

4 Nina hat für ihren Aufsatz eine Eins bekommen:

Eine Osterüberraschung

Es war am Morgen des Ostersonntags im April. Meine Eltern waren gerade dabei, im Garten mein Osternest zu verstecken. Ich war gespannt, was ich bekommen würde. Zwar hatte ich mir einen echten Hasen gewünscht, aber Papa hatte geschimpft: „Kommt gar nicht in Frage!“ „Dann wünsche ich mir eben Nuss-Nugat-Eier“, erwiderte ich. „Hoffentlich bekomme ich die Nugat-Eier“, dachte ich, während ich immer ungeduldiger wurde. Aber da kamen meine Eltern schon. Neugierig forschte ich: „Bekomme ich meinen zweiten Wunsch?“

„Das wirst du ja gleich sehen“, antwortete meine Mutter geheimnisvoll. Auf ihrem Gesicht konnte ich ein verschmitztes Lächeln erkennen, aber ich konnte mir nicht denken, was dies zu bedeuten hatte.

„Nun komm schon, Nina“, rief mich mein Vater. Erwartungsvoll stürzte ich in unseren Garten, er war riesengroß. „Wo könnte das Nest wohl sein?“, überlegte ich fieberhaft und rannte kreuz und quer im Garten herum. Auf einmal rief mein Vater: „Heiß!“ Ich drehte mich um und da sah ich das Osternest. Wie gebannt starrte ich darauf. Dann schrie ich vor Freude: „Juhu, juhu!“ In dem Nest saß ein kleines Häschen, um seinen Hals war eine rote Schleife gebunden.

Meine Eltern standen neben mir und freuten sich mit mir. „Gehört er wirklich mir?", versicherte ich mich. „Ja", antworteten Papa und Mama wie aus einem Munde. „Ich habe Papa überredet und er hatte dann die Idee mit der Schleife", fügte meine Mutter eifrig hinzu. Liebevoll nahm ich meinen Hasen auf den Arm und flüsterte ihm glücklich ins Ohr: „Du sollst Moritz heißen."

a Wodurch wird Ninas Erzählung lebendig?

b Wie erreicht sie Spannung?

▶ S. 84, Anschaulich schreiben

c An welcher Stelle erreicht die Spannung ihren Höhepunkt?

d Schreibe alle Verben aus dem Wortfeld „sagen" heraus!

e Zeichne zu der Geschichte eine Erzählkurve (s. S. 77) und trage die passenden Stichpunkte ein!

▶ S. 83, Wortfelder

Den Erzählentwurf überarbeiten

1 Eike hat ein unangenehmes Erlebnis aufgeschrieben:

So ein Schreck!

In der letzten Woche der Sommerferien fuhr ich mit einer Jugendgruppe im Omnibus zum Nürnberger Tiergarten. Dort war es sehr schön.
Sb *Ich fand die dicken Elefanten am schönsten. Ich betrachtete sie ziemlich lange. Plötzlich merkte ich, dass ich von lauter fremden Leuten umge-*
Sb A *ben war. Ich ging schnell zum Ausgang. Ich suchte lange nach unserem*
Sb A *Omnibus. Er war nicht mehr am Parkplatz. Was sollte ich tun? Es wurde schon Abend. Da kam ein Mann auf mich zu und fragte mich,*
√ Angst *woher ich komme. Ich sagte, dass ich von Bayreuth sei und dass meine Freunde ohne mich heimgefahren seien. Der Mann brachte mich zur*
wR *Polizei. Dort musste ich warten. Dann rief man meine Eltern an.*

a Was meinst du zu dieser „Angstgeschichte“?

b Eikes Deutschlehrerin hat einiges angemerkt. Die Korrekturzeichen bedeuten Folgendes:

V = Hier fehlt einiges
A = Suche einen treffenden Ausdruck!
Sb = Stelle den Satz um!
wA = Verwende hier wörtliche Rede!

c

wie gelähmt sein

bleich
kreidebleich werden

Schweiß auf der Stirn

weinen
schluchzen

bekommen

frieren, frösteln

erfassen

Hände zittern

am ganzen Körper zittern

packen

Herz stehen bleiben, klopfen bis zum Hals

aufschreien
Kehle zuschnüren

Knie schlottern

es läuft mir kalt den Rücken herunter

die Haare stehen zu Berge

vor Angst sterben

Überarbeitet in Partnerarbeit die Erzählung! Mit den Wendungen und Wörtern aus dem Kasten kannst du Eikes Angst veranschaulichen.

⋆d Jeder hat immer wieder Angst:
vor Dunkelheit, bei einem Gewitter, vor einer Schulaufgabe, Angst vor …
Schreibe deine eigene „Angstgeschichte“!

2 Claudia schreibt über ihren Zahnarzttermin

Beim Zahnarzt

Papa und ich hatten um 17.30 Uhr einen Termin beim Zahnarzt. Wir mussten nicht lange warten, denn außer uns saß niemand im Wartezimmer. Wir wurden aufgerufen und ich setzte mich in den Stuhl. Als der Zahnarzt sagte, dass mein letzter Milchzahn gezogen werden müsste, bin ich ganz schön erschrocken. Dann ging alles sehr schnell. Der Zahnarzt fragte mich etwas. Ich öffnete den Mund, um zu antworten, und sah plötzlich, dass der Zahnarzt eine Zange in der Hand hielt. Dann war mein Zahn draußen und ich ging erleichtert nach Hause.

a Welche Fragen hast du an Claudia?

Beispiele: *Was dachtest du im Wartezimmer?*
Wie fühltest du dich auf dem Behandlungsstuhl?

b Welche Stellen sind unklar?

c (1) „Weißt du eigentlich, dass du heute Nachmittag beim Zahnarzt angemeldet bist?“, fragte mich gestern mein Papa beim Frühstück.

(2) „Der Milchzahn da hinten sitzt schon ganz locker. Das haben wir gleich!“, meinte der Zahnarzt.

(3) „Hoffentlich entdeckt der Zahnarzt kein Loch“, murmelte ich vor mich hin.

An welchen Stellen hätte Claudia diese wörtlichen Reden einarbeiten können?

d Schreibe weitere Beispiele für wörtliche Reden auf, die Claudia hätte verwenden können!

e Überarbeitet Claudias Aufsatz in einer Schreibkonferenz!

3 Cordula hat ein Ferienerlebnis aufgeschrieben

Das Höhlenabenteuer

Eigentlich könnten wir heute zur ‚Räuber-Grimml-Höhle‘ gehen“, schlug Mutter beim Frühstück vor. „Das wäre super“ riefen Tim und Tina wie aus einem Mund. Die beiden waren in den Sommerferien mit ihren Eltern zu uns zu Besuch gekommen. Tante Ines fragte vorsichtig: „Ist das auch nicht gefährlich?“ „Ach wo“ rief Papa, „bei der Hitze genau das Richtige!“

Nach einer halben Stunde Autofahrt kamen wir am Wanderparkplatz an, von dem aus es nicht mehr weit bis zu unserem Ziel war. Tina, Tim und ich liefen voraus, denn wir wollten als Erste dort sein. Doch es dauerte eine ganze Weile, bis wir den letzten Wegweiser mit der Aufschrift „Räuber-Grimml-Loch“ entdeckt hatten.“ Das klingt aber gruselig meinte Tina. Du fürchtest dich wohl vor dem Räuber? neckte Tim sie. Er ist doch schon lange tot. Inzwischen hatten wir den Höhleneingang gefunden und tasteten uns vor. „Schade, dass wir keine Taschenlampe mitgenommen haben, dann könnten wir mehr sehen, sagte ich ziemlich laut, weil es mir ein bisschen unheimlich war. …

a Cordula hat Schwierigkeiten mit den Satzzeichen. Schreibe den Text ab und verbessere!

b Schreibe eine andere Einleitung und erzähle die Geschichte zu Ende!

► R S. 175 ff., Zeichensetzung der wörtlichen Rede

4 Eine merkwürdige Begebenheit

Lara und Jens standen oben am Rande der Kiesgrube und sahen den Mann, der sich dort unten zu schaffen machte. „Was hat der nur vor?“, sagte Lara. „Keine Ahnung“, sagte Jens. „Gib mir doch mal das Fernglas“, sagte Lara, „damit wir ihn besser sehen können.“
Jens reichte es ihr. Nach einigem Drehen konnte sie den Mann deutlich sehen. Sie sah, wie er eine Plastiktüte unter einem Stein hervorholte und in sie hineinsah. „Was siehst du?“, sagte Jens ungeduldig. „Mensch, sei leise!“, sagte sie, „sonst sind wir verraten.“ …

a Lest den Text laut! Was fällt euch auf?

b **sprechen:** antworten, äußern, babbeln, befehlen, bemerken, berichten, beschreiben, einwenden, entgegnen, erwähnen, erwidern, erzählen, flüstern, fragen, klagen, klatschen, labern, lispeln, meinen, murren, zischen, petzen, plappern, plaudern, prahlen, quasseln, quatschen, reden, rufen, sagen …

sehen: anblicken, anstarren, äugen, betrachten, blicken, blinzeln, bemerken, beobachten, besichtigen, durchschauen, entdecken, erblicken, erkennen, gaffen, gewahren, glotzen, gucken, hinsehen, linsen, lugen, mustern, schauen, sichten, spähen, starren, stieren, unterscheiden, wahrnehmen, wegsehen, zuschauen …

c Welche Wörter sind euch in ihrer Bedeutung nicht klar? Sprecht darüber und wendet sie in Beispielsätzen an!

d Ersetze die Verben „sagen“ und „sehen“ durch treffendere! Die Wortlisten aus Aufgabe b helfen dir dabei.

▶ G S. 111, 192, Verben

5 Anschaulich schreiben

... strahlt über das ganze Gesicht
... biegt sich vor Lachen
... jauchzt hellauf
... hüpft vor Freude in die Luft
... platzt laut heraus
... hält sich den Bauch vor Lachen
... grinst schadenfroh
... schmunzelt vergnügt vor sich hin
... lacht aus vollem Hals
... reißt vor Begeisterung die Arme hoch
... klatscht vergnügt in die Hände
... lächelt still vor sich hin
... prustet kräftig los
... biegt sich vor Lachen
... springt vor Begeisterung in die Luft

a Welche Wendungen lassen sich den Bildern zuordnen?

b Ordne die Wendungen nach „still“ und „laut“, indem du sie in zwei Spalten schreibst!

c Stellt die Wendungen spielerisch dar!

d (1) Das kleine Kind ___ vor Freude, als es den großen Plüschhund sah. (2) Lars ___ vor Begeisterung ___, als er sah, wie seine Mannschaft gewann. (3) Alex ___ schadenfroh, als Lutz ausrutschte. (4) Manuela ___ erleichtert, als sie in der Englischschulaufgabe eine gute Note bekam. (5) Als Max während der Erdkundestunde mitsamt dem Stuhl umkippte, ___ die Mädchen in der Klasse.

seufzte, kreischte, kicherten, sprang in die Luft, grinste

Schreibe den Text ab und setze die passenden Wörter ein!

Eine erfundene Geschichte schreiben

Nicht jeder, der eine Geschichte erzählt, hat diese selbst erlebt. Aber erfundene Geschichten sind oft besonders spannend oder lustig.

1

Carl Spitzweg, Der Hexenmeister

a Betrachte das Bild! Was ist alles zu sehen?

b Stelle dir vor, du beobachtest heimlich, was geschieht! Was erlebst du?

c Tagelang war ich durch einen riesigen Wald geirrt. Ich hatte schrecklichen Hunger und wusste nicht, wo ich mich befand. Plötzlich hörte ich seltsame Geräusche …

Erfinde zu dem Bild eine Geschichte! Du kannst dazu diese Einleitung verwenden!

d Gib deiner Geschichte eine Überschrift!

⋆e Tauscht eure Texte untereinander aus und sprecht darüber!

2 Zwei Bildgeschichten ergänzen

A

B

a Die Bildgeschichten sind unvollständig. Was könntest du jeweils ergänzen?

b Schreibe zu einer der Bildfolgen eine spannende Erzählung und finde eine passende Überschrift!

3

Hausaufgaben – Katze – Telefon

Mülleimer – Schlafanzug – Schlüssel

Rollerskates – Frisör – Schwimmbecken

Schreibe zu einer der Reizwortketten eine lustige oder spannende Geschichte!

Tipps für Reizwortgeschichten

- Wähle eine Reizwortkette oder drei bis vier Reizwörter aus!
- Überlege dir eine Geschichte, in der die Reizwörter eine wichtige Rolle spielen!
- Markiere in deiner Geschichte die Reizwörter farbig!

4 Verena hat den Höhepunkt ihrer Reizwortgeschichte so ausgestaltet:

… „Dann ist der Ring eben weg“, sagte Nadine trotzig. Mürrisch setzte sie sich an den Tisch und stocherte in ihrem Teller mit Reisbrei herum. Schließlich nahm sie einen Löffel voll auf und schob ihn in den Mund. Da – auf einmal krachte es zwischen den Zähnen und sie biss auf etwas Hartes. Vorsichtig stieß sie mit der Zunge daran. Es war glatt und kalt. Schnell spuckte sie es aus. „Was machst du denn da?“, rief ihre Mutter überrascht. „Nimm dich doch zus …!“ Sie unterbrach sich und starrte entgeistert auf den Teller ihrer Tochter. Denn dort lag …

a Erzähle die Geschichte zu Ende!

b Was könnte vor dem Höhepunkt geschehen sein?

c Schreibe eine Einleitung und einen kurzen Schluss!

5

a Welche Reizwörter aus der Fundgrube hat Verena in ihrer Erzählung verwendet?

b Suche dir drei oder vier Reizwörter aus und schreibe eine Geschichte!

***c** Gestaltet eure Geschichten mit Bildern aus! Ihr könnt sie in einem Geschichtenbuch sammeln! Tipp: Verwendet dazu den PC!

6 Zu Sprichwörtern Geschichten erfinden

Sprichwörter gehören zu unserer Sprache. Sie bringen eine Lebenserfahrung bildhaft zum Ausdruck. Solche Erfahrungen haben Menschen in bestimmten Situationen gemacht.

- Es ist noch kein Meister vom Himmel gefallen.
- Wer zuletzt lacht, lacht am besten.
- Reden ist Silber, Schweigen ist Gold.

- Morgenstund hat Gold im Mund.
- Besser den Spatz in der Hand als die Taube auf dem Dach.

- Müßiggang ist aller Laster Anfang.
- Eine Schwalbe macht noch keinen Sommer.
- Wer andern eine Grube gräbt, fällt selbst hinein.

a Welche Sprichwörter sind auf den Bildern dargestellt? Was bedeuten sie? Sprecht darüber!

b Schreibe zu einem Sprichwort deiner Wahl eine lustige Geschichte!

✶c Malt Sprichwörter an die Tafel, die eure Mitschüler erraten müssen!

7 Geschichten zu Märchenbildern schreiben

Die verzauberte Burg

Das verwunschene Haus im Wald

Wähle ein Bild (S. 91f.) aus und schreibe dazu ein spannendes Märchen!

▶ S. 30 ff., Märchen

Die Königin des Weltalls

Das rätselhafte Schloss

Erzählen

Erzählen heißt, die Zuhörer/Zuhörerinnen oder die Leser/Leserinnen eine Geschichte miterleben zu lassen.

- **Was erzähle ich?**
  Erinnere dich an ein Erlebnis oder denke dir eine Geschichte aus!
- **Wie ist das Erlebnis abgelaufen?**
  Überlege dir: Was war zuerst, was geschah danach? Welchen Teil des Erlebnisses gestalte ich zum Höhepunkt aus?
- **Wie schreibe ich spannend?**
  Lass deine Figuren erzählen, was sie sehen, hören, riechen und fühlen!
- **Wie schreibe ich lebendig?**
  Vermeide Wiederholungen und verwende wörtliche Rede!
- **Wie beginne ich?**
  Beantworte kurz die Fragen: Wann und wo spielt die Geschichte?!
- **Wie schließe ich?**
  Lass die Geschichte kurz ausklingen!

Jemandem schreiben

Sicher freust du dich, wenn du Post bekommst, zum Beispiel eine Ansichtskarte aus den Ferien, einen Geburtstagsbrief von der Oma oder eine Einladung zu einer Party. Die Anlässe, zu denen man schreibt, können ganz verschieden sein.

1 Lucia darf einen Gitarrenkurs besuchen. Begeistert schreibt sie ihrer Freundin über ihre erste Unterrichtsstunde.

Neustadt, den 20. . -04-24

Liebe Ariane,

du weißt ja, dass ich zum Geburtstag eine Gitarre bekommen habe. Stell' dir vor, gestern Nachmittag war meine erste Unterrichtsstunde. Ich war ziemlich aufgeregt und bin schon eine halbe Stunde früher losgeradelt, um ja pünktlich zu sein. Um halb drei ging's los. Wir waren insgesamt zehn Leute, viel mehr, als ich gedacht habe. Der Gitarrenlehrer heißt Blank. Er ist noch ziemlich jung und sehr nett. Erst mussten wir unsere Gitarren auspacken und vor uns auf den Tisch legen. Dann erklärte er uns das Instrument und schlug auf seiner Gitarre einige Akkorde an. Es klang wunderschön. Anschließend zeigte er uns, wie man die Saiten stimmt. Den ersten Griff haben wir auch schon gelernt. Es ist gar nicht so einfach, die Finger in der richtigen Reihenfolge zu setzen, aber wenn ich übe, schaffe ich es schon. Im Nu war die Stunde zu Ende. Ich freue mich schon auf das nächste Mal und werde dir weiter berichten.*

Tschüss, deine Lucia

Als Lucia den Brief schreiben wollte, hat sie sich zuerst überlegt, was Ariane von ihr wissen möchte. Diese möglichen Fragen beantwortet Lucia dann in ihrem Brief.

a Beispiel: *Wann war die erste Gitarrenstunde? – gestern Nachmittag*

Welche weiteren Fragen könnte sich Lucia gestellt haben? Schreibe sie in dein Heft und beantworte sie!

* Die Anreden „du“ und „ihr“ sowie die entsprechenden Possessivpronomen „dein“ und „euer“ können in Briefen groß- oder kleingeschrieben werden.

b

Tipps für das Briefeschreiben

- Schreibe eine Anrede und setze danach ein Komma!
- Vergiss den Ort und das Datum nicht!
- Schließe den Brief mit einer Grußformel und deinem Namen!
- Beschrifte den Briefumschlag mit Anschrift und Absender!

Überprüfe, ob Lucia in ihrem Brief alle Tipps beachtet hat!

c Schreibe einen Brief auf dein Briefpapier, in dem du deinem Freund/deiner Freundin berichtest, zum Beispiel:

– über dein Hobby – über eine Reitstunde – über deinen letzten Zahnarztbesuch – über einen Sonntagsausflug – als ihr Besuch hattet – über deinen Aufenthalt im Zeltlager

2 Einladen

Die Staatliche Realschule Hirschfeld veranstaltet einen bunten Nachmittag zugunsten der Straßenkinder in Brasilien.

> Liebe Eltern,
>
> wir laden euch zu einem bunten Nachmittag ein.
> Wir veranstalten ihn zugunsten von Kindern.
> Bitte kommt alle!
>
> Viele Grüße
> Klasse 5b

a Wie findet ihr diese Einladung? Begründe deine Meinung!

b ....

Liebe Eltern, ..., ...

wir, die Klasse 5b und alle anderen Schüler der Staatlichen Realschule Hirschfeld, veranstalten einen bunten Nachmittag. Er findet statt am .... um ...... Folgendes wird ....: ....
Der Erlös geht an ....
Über Ihren Besuch ...... und wir hoffen ....

....

Datum – Ort – Zeit – Einladung zu einem bunten Nachmittag – geboten – ein Theaterstück – Musik – Kunststücke der Turngruppe – Straßenkinder in Brasilien – sich freuen – gefallen – die Klasse 5b

Übertrage den Text in dein Heft und ergänze die Einladung! Die oben stehenden Wendungen helfen dir.

c Die Klasse 5b lädt eine Klasse ihrer Partnerschule zu einer Theateraufführung ein. Gestaltet die Einladung (auch am PC)!

3 Gratulieren

a Kennt ihr noch andere Anlässe, zu denen man gratuliert?

b Spielt die Gratulanten und überbringt eure Glückwünsche!

4

Zur Taufe
Herzlichen Glückwunsch
Zur Taufe
Zur Hochzeit
Süss,
euer Baby!
Herzlichen Glückwunsch!
ZUR KONFIRMATION
HAPPY BIRTHDAY
Schreib mal wieder!
Evi Heiter
Am Lachberg 52
12345 Freudenhain
Frau
Franziska Fröhlich
Lustigstr. 5a
85000 Spaßstadt
Fürth, im Juli
Liebe Oma,
zu deinem 80. Geburtstag
gratuliere ich dir ganz herzlich.
Ich wünsche dir, dass du gesund
bleibst und noch oft verreisen
kannst,
dein Benny

a Ordnet die Karten den Anlässen zu und schreibt längere und kürzere Texte für Glückwunschkarten!

b Gestaltet selbst Karten (auch am PC) und stellt sie aus!

c Erkundet euch in einem Schreibwarengeschäft, für welche Anlässe es Gratulationskarten gibt!

5 Sich bedanken

Würzburg, den 20. 7. . .

Liebe Lucia,
vielen Dank für das Päckchen, das du mir zu meinem Geburtstag geschickt hast. Der tolle Schal, den du mir geschenkt hast, passt prima zu meiner Jacke.
Zu meinem nächsten Geburtstag lade ich dich schon heute ein und hoffe, dass du dann kommen kannst,

deine Ariane

Bei welchen Gelegenheiten kann man sich noch bedanken?

6 Die Höflichkeitsanrede

Sebastian und Peter haben beim Skateboardfahren Herrn Wutigs Auto beschädigt. Sie entschuldigen sich bei ihm mit einem kleinen Geschenk und haben eine Karte beigelegt.

Lieber Herr Wutig,
es tut uns sehr leid, dass wir Ihr Auto beschädigt haben. Wir haben Ihnen dadurch viel Ärger bereitet. Bitte entschuldigen Sie unser Missgeschick.
Sebastian und Peter

a Schreibe den Brief ab und unterstreiche alle Anredewörter!
Probiert es mit dem PC: Warum erkennt das Rechtschreibprogramm keine falsch geschriebenen Anredewörter?

b Vergleiche die Anredewörter mit denen, die Ariane in ihrem Brief verwendet hat (S. 97, Aufgabe 5). Was fällt dir auf?

Die Höflichkeitsanrede

Die Anredewörter wie *Sie*, *Ihnen*, *Ihr* ... werden großgeschrieben.
Beispiel: *Ich lade* **Sie** *ein.* oder: *Vielen Dank für* **Ihr** *Schreiben.*

c

04. 04. ...

Liebe Frau Haller,

heute früh hat uns Herr Steckel mitgeteilt, dass ... gestern Abend ... Baby bekommen haben. Wir, die Klasse 5a, freuen uns riesig und wünschen ... und ... Familie alles Gute. Stimmt es, dass ... Tochter Anna-Maria heißt? Da haben ... aber einen schönen Namen ausgesucht! Am liebsten würden wir alle zu ... ins Krankenhaus kommen und das Baby sehen. Natürlich geht das nicht. Ein paar von uns kommen ... aber besuchen, wenn ... wieder daheim sind.

Tschüss,
... Nadine und die ganze 5a

d Schreibe den Brief ab und setze die Anredewörter ein!

e Einige Mädchen der Klasse bringen ihrer Lehrerin ein Geschenk für Anna-Maria. Schreibt und gestaltet die Glückwunschkarte!

***f** In den Osterferien schickt Nadines Banknachbarin Ulla Frau Haller eine Urlaubskarte aus Spanien. Was schreibt sie?

***g** Die Klasse 5b der Staatlichen Realschule Hirschfeld bedankt sich bei den Eltern für den Besuch des bunten Nachmittags. Was könnte in dem Schreiben stehen?

▶ S. 94 f., Einladen
▶ R S. 104 f., Pronomen

Auf der Grammatik-Baustelle

Im Grammatikunterricht bekommst du einen Einblick in die Regeln, nach denen die deutsche Sprache „funktioniert“. Hauptsächlich aber lernst du, dich besser auszudrücken, deine Texte abwechslungsreicher zu gestalten und Fehler – auch bei Rechtschreibung und Zeichensetzung – zu vermeiden. In manchen Fällen helfen dir die erworbenen Kenntnisse auch beim Erlernen von Fremdsprachen.
Um überhaupt über solche Regeln reden zu können, beschäftigst du dich zu Beginn mit den Wortarten und den Satzgliedern. Viele davon kennst du bereits aus der Grundschule. In der Realschule verwenden wir dafür aber andere – wissenschaftliche – Namen. Diese sind farbig unterlegt. Im Anhang dieses Buches findest du zum besseren Verständnis jeweils eine Gegenüberstellung der verschiedenen Begriffe.

Das Haus der Wörter

1 Verschiedene Bausteine

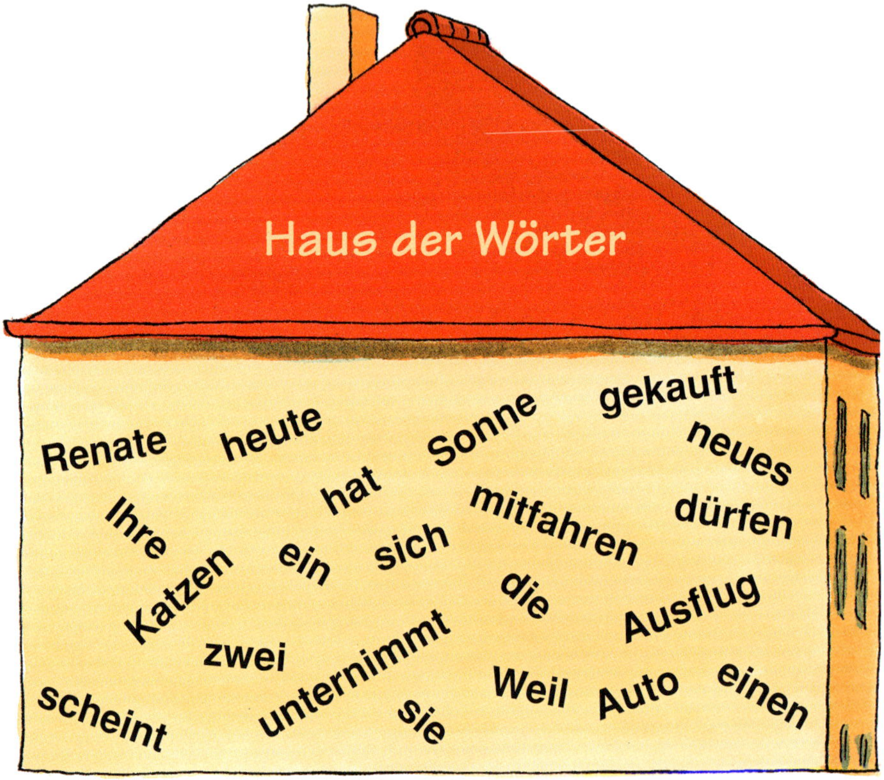

Im Haus der Wörter sind drei Sätze, die zusammengehören, durcheinandergewürfelt worden. Finde sie heraus!
Hinweise: Du musst dazu alle 21 Wörter verwenden, darfst kein Wort verändern und keines ergänzen.

Es ist leichter, wenn du nach einem bestimmten System vorgehst:
– Suche alle Verben heraus!
– Suche solche Nomen heraus, die dazu passen!
– Versuche, Sätze zu bilden, indem du alle Wörter verwendest!
– Bringe die drei Sätze in die richtige Reihenfolge!

2

Das	Kind	geht	über	den See
Der	Mädchen	springen	auf	das Wetter
Die	Leute	steht	in	dem Tisch
Die	Topf	schimpfen	über	die Straße

Welche Wörter ergeben zusammen jeweils einen grammatisch und inhaltlich richtigen Satz? Schreibe diese Sätze auf! (Es gibt insgesamt 14 Möglichkeiten.)

3 *Das Heft des Mädchens liegt auf dem Tisch.*
Setze die Nomen in den Plural und schreibe den neuen Satz auf! Unterstreiche alle Wörter, die sich geändert haben!

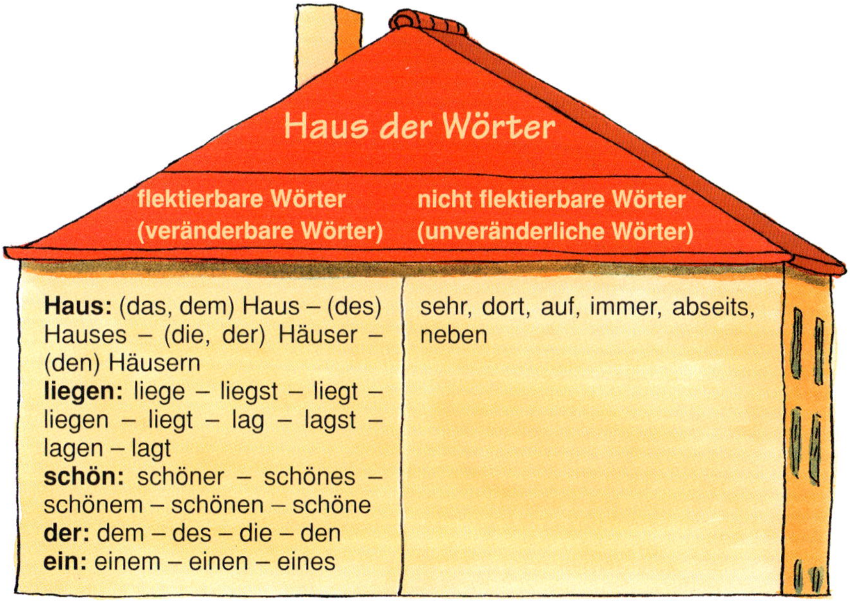

4 *Mann, unabhängig, alt, Baum, bescheiden, jetzt, immer, schreiben, sehr, sehen, Flasche, vor, schwimmen, und, laut, damit*

a Bilde mit den Wörtern Sätze!

b Forme diese Sätze so um, dass sich die flektierbaren Wörter verändern.
Beispiel: *Der Mann **singt**. Die Männer **singen**.*

c Schreibe die nicht flektierbaren Wörter auf!

✶ 5 Flexi-Rallye

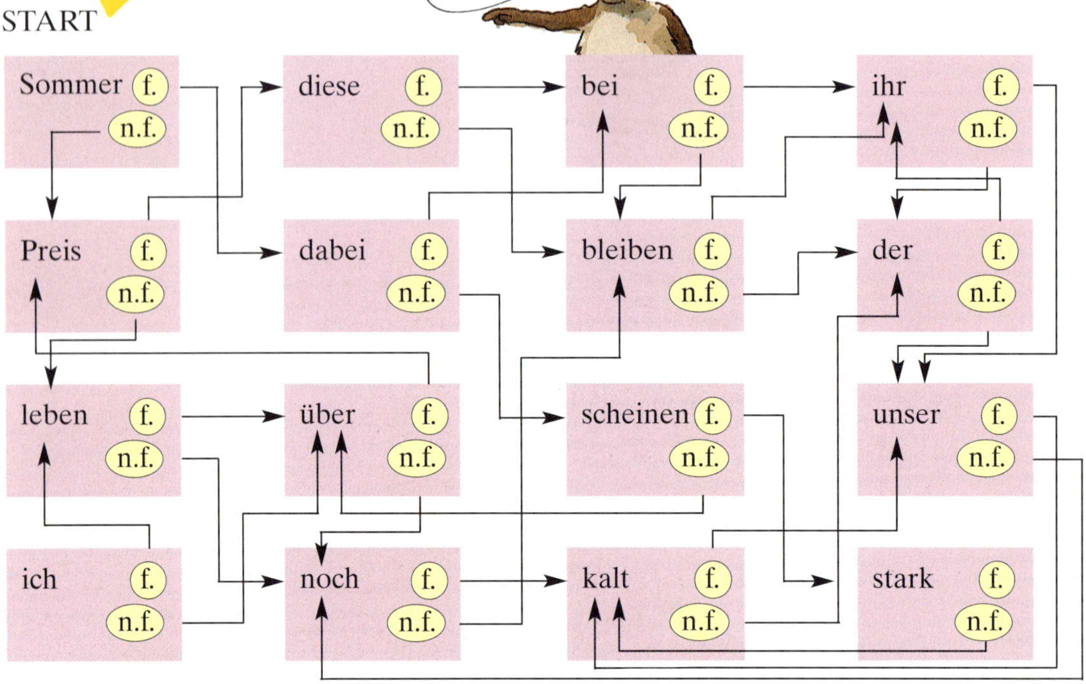

a Verfolge die Pfeile! *f* bedeutet jeweils flektierbar, *n. f.* nicht flektierbar. Wenn du den richtigen Weg durch den Wörter-Dschungel wählst, landest du beim Lösungswort (Auflösung S. 200).

b Ordne alle Wörter nach flektierbar oder nicht flektierbar und trage sie in ein Haus der Wörter in deinem Heft ein!

Nomen

1 Familienrat

Sabine hatte in der zeit*ung* eine anzeige des tierschutzvereins gelesen. Sie rief den „familienrat“ zusammen und mit stimmenmehr*heit* wurde die anschaff*ung* eines hundes aus dem tierheim beschlossen. Sogar die mutter, die am anfang so sehr angst vor unordn*ung* und schmutz hatte, gab ihr einverständ*nis*.
Vater lobte die gutmütig*keit* eines schnauzers, weil diese rasse in der wohn*ung* leicht zu halten sei. Die kinder waren zunächst für einen

schäferhund, der sich besonders durch wachsam*keit* auszeichnet. Aber plötzlich war allen klar, dass sie sich nicht auf eine bestimmte rasse festlegen sollten, denn fast jedes tier aus einem tierheim zeigt besondere anhänglich*keit*, wenn man erst einmal durch liebevolle beschäftig*ung* mit ihm seine freund*schaft* gewonnen hat.

a Schreibe ab und setze bei den Nomen große Buchstaben ein! Woran hast du die Nomen erkannt?

b Welche Wortendungen deuten stets auf Nomen hin? Suche jeweils ein Beispiel aus dem Text und ergänze weitere fünf!

► R S. 168, Großschreibung (Grundregeln)

2 Ein Zimmer im Haus der Wörter gehört den Nomen. **Nomen** können einen Artikel (Begleiter) vor sich haben und sind deklinierbar. **Deklinierbar** bedeutet, dass das Wort in die verschiedenen Fälle gesetzt und meist auch in eine Pluralform gebracht werden kann.
Beispiele: **Singular** (Einzahl): *der (ein) Mann – des (eines) Mannes – dem (einem) Mann – den (einen) Mann;* **Plural** (Mehrzahl): *die Männer – der Männer – den Männern – die Männer*

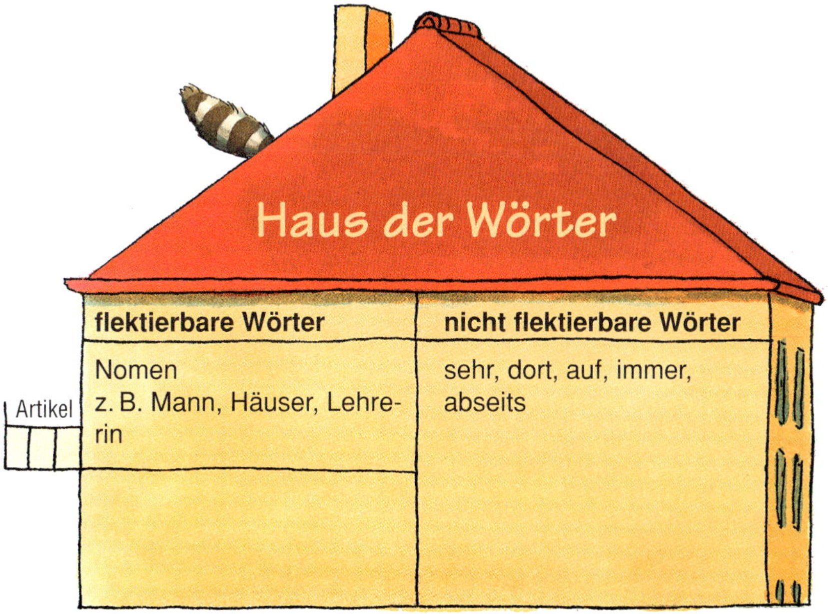

a *wasser, verboten, rückwärts, schwein, hunger, lieblosigkeit, entschuldigung, singt, über, offenheit, seelisch, klar, vorhang*
Welche Wörter sind Nomen ?

b Achtung! Es gibt Wörter, die als Nomen und als andere Wortart auftreten können.
Beispiele: *Liebe – liebe; Trotz – trotz; Dank – dank*
sowie alle Verben : *Lernen – lernen*

Bilde zu jedem Wortpaar zwei Sätze!

3 Der Hund gehorcht der Frau.
Dem Hund gehorcht die Frau.
Der Hund beißt den Postboten.
Den Hund beißt der Postbote.

a Worin liegt der Unterschied?

b

Ihr Hund darf mitfahren. Ihre Hunde dürfen mitfahren.	Nominativ	1. Fall *(Wer oder was?)*
Sie erinnert sich ihres Hundes. Sie erinnert sich ihrer Hunde.	Genitiv	2. Fall *(Wessen?)*
Sie gibt ihrem Hund Futter. Sie gibt ihren Hunden Futter.	Dativ	3. Fall *(Wem?)*
Sie nimmt ihren Hund mit. Sie nimmt ihre Hunde mit.	Akkusativ	4. Fall *(Wen oder was?)*

Vergleiche!

c Bilde vergleichbare Sätze mit *Schildkröte, Meerschweinchen*!
Fällt dir etwas auf?

Pronomen

1 Christine will an diesem Nachmittag ihren Freund Peter besuchen. Christine ruft Peter deshalb an. Peter sagt Christine, dass Christine erst um 15.00 Uhr kommen könne, da Peter vorher noch zum Friseur müsse. Christine ist das ganz recht, da Christines Mutter Christine erst ab 15.00 Uhr mit dem Auto hinbringen kann. Christine fragt Peter, ob Christine Christines Deutschheft mitbringen solle, damit Christine und Peter vielleicht gemeinsam Christines und

Peters Hausaufgaben machen könnten. Peter ist von Christines Vorschlag begeistert und bittet Christine, Christine solle sich schon mal die Lösung für die Grammatikaufgabe überlegen.

a Warum wirkt dieser Text etwas eigenartig?

b Wie könntest du ihn verbessern? Schreibe ab und ersetze, wo es sinnvoll ist!

Statt Nomen kann man auch **Personalpronomen** (persönliche Fürwörter) oder **Possessivpronomen** (besitzanzeigende Fürwörter) verwenden. Sie stehen dann stets für ein bestimmtes Nomen. Pronomen gehören zu den deklinierbaren Wortarten.
Beispiele: *du, wir, uns, ihre, euch, mir, dein, unser*

▶ R S. 98, Höflichkeitsanrede

2 *mir, euer, ihnen, ihm, seines, ihrem, sie, sein, uns, deine, es, mein, ihre, unseren, ihre, meinen, euch, ihn, unsere, eurem, mich, uns, ihr, eurer, ihrem, seines, dich, sie, deiner, ihm, dir, sein*

Bilde zehn Sätze, in denen jeweils mindestens eine dieser Formen von Personal- und Possessivpronomen vorkommt!

3

a Ersetze *Hose* durch *Jacke* und *Kleid* und schreibe die Sätze auf!

b

Auch **dieses** und **das** (in dieser Verwendung) sind **Pronomen** (Demonstrativpronomen) und deklinierbar: *dieser – diese – dieses – diesem – diesen; der – dessen – dem – den – die – deren – das – denen*

(1) Martin hat sich *dies*___ Spiel gewünscht.
(2) Mit *dies*___ Spielanleitung kann er aber nichts anfangen.
(3) Auf *dies*___ Heft steht kein Name.
(4) Sie hat für *dies*___ Aufgaben noch keine Lösung.
(5) Sport wird auch *dies*___ Dienstag ausfallen.
(6) Horst zeigt auf den Mann, den er beobachtet hat, und sagt: „*D*___ war's!"
(7) Der Mechaniker verspricht: „*D*___ werden wir gleich haben!"
(8) Michael verdächtigt seinen Klassenkameraden: „*D*___ traue ich alles zu!"
(9) ___ sind die Mädchen aus der 5c, mit denen wir im Schullandheim waren.

Setze richtig ein und verwende dazu die Wörter im Kasten!

4

Gestern war ich mit meinen Freund Martin und meine Schwester Karin auf dem Volksfest in Dießen. Martin wollte erst unbedingt seinem Hund mitnehmen, doch seine Mutter hat das nicht gepasst und so musste Waldi daheim in seinen Körbchen bleiben.
Auf unseren Weg zwischen den verschiedenen Buden und dem Autoskooter trafen wir unsere Nachbarn Sebastian. Er schloss sich unsere Gruppe an.
Als wir am Kettenkarussell vorbeikamen, bekam Karin Lust, einmal mitzufahren. Sie fragte uns, ob wir sie begleiten würden. Doch mein Freunde wollten nicht. So blieb es an mich hängen: Ich musste mir opfern. Ich bezahlte mit dem Geld, das uns unseren Großeltern mitgegeben hatten.
Karin wählte einen Sitz ganz außen und ich setzte mir neben ihr. Dann ging's auch schon los. Karin nahm meinen Hand und zog mir so mit sich nach außen. Seine langen, blonden Haare wirbelten im Fahrt-

wind und es machte sie offensichtlich große Freude. Von oben beobachtete ich neidisch meinen Freunde Martin und Sebastian, wie sie währenddessen an der Schießbude ihrer Glück versuchten.
Nach einigen Runden war der Spaß schon wieder zu Ende. Unsere Freunde fragten mir grinsend: „Wie hat es dich denn gefallen?" Spätestens da habe ich mich fest vorgenommen, nie mehr wieder mit meine Schwester aufs Volksfest zu gehen.

Verbessere die Fehler, die bei den unterstrichenen Personal- und Possessivpronomen gemacht wurden!

5

Singular	1. Person: ich	*mir*, ?
	2. Person: *du*	?
	3. Person, männlich: *er*	?
	3. Person, weiblich: *sie*	?
	3. Person, sächlich: *es*	?
Plural	1. Person: *wir*	?
	2. Person: *ihr*	?
	3. Person: *sie*	?

Übertrage die Tabelle in dein Heft und ordne die Beispiele aus Aufgabe 2 richtig zu! Manche Formen gibt es mehrfach (aber in unterschiedlicher Verwendung).

6 Relativpronomen

Ein **Relativpronomen** ist ein Pronomen, das sich auf ein Nomen im vorausgegangenen Satz bezieht. Zu den Relativpronomen gehören die Formen: *der – die – das – dem – den – denen – deren – dessen.*
Beispiele:
*Hubert hat **eine Katze** bekommen, **die** noch ganz jung ist. Sie hat **Pfoten, deren** Innenseiten rosa erscheinen.*

a

Bei unserem Wandertag kamen wir an die Aach.

Die Aach führte wenig Wasser.

Die Bachränder waren voll von Müll.

Den Müll hatte das Hochwasser angeschwemmt.

Wir machten Rast auf einer Wiese.

Die Wiese gehörte dem Aachtalbauern.

Hungrig packte ich mein Brot aus.

Das Brot hatte ich mir selbst gerichtet.

Da kam der Bauer den Waldweg entlang.

Der Bauer wusste von unserem Wandertag.

Unsere Lehrerin begrüßte er sehr freundlich.

Er kannte unsere Lehrerin von früher.

Verbinde jeweils die beiden Hauptsätze zu einem Satzgefüge!
Leite den Gliedsatz mit einem Relativpronomen ein!
Beispiel: *Bei unserem Wandertag kamen wir an die Aach, die wenig Wasser führte.*

► G S. 126 f., Haupt- und Nebensatz

b

(1) Die Frau, ___ im Park ihr kleiner Hund weggelaufen war, kam zur Polizei.
(2) Sie wandte sich gleich an den Polizisten, ___ sie kannte. (3) Denn ein Hund, ___ gefunden wird, kommt meist ins Tierheim. (4) Derjenige, ___ ein Hund zuläuft, ist verpflichtet, das anzuzeigen. (5) Es gibt Hunde, auf ___ man sich in Gefahr verlassen kann.

Schreibe den Text ab und setze die richtigen Relativpronomen ein.

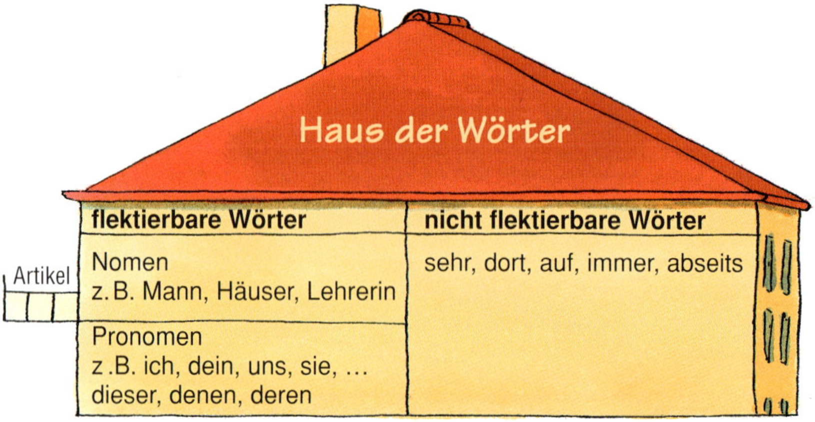

Adjektive

1 Adjektive in der Werbung

Aus dem kulinarischen Frankenland:

Franken Rolle

Halbfeste Schnittkäse-Spezialität, die auf der Zunge zergeht, Rahmstufe. Delikat mit Schnittlauch-Stückchen abgerundeter Knoblauch-Geschmack, feinsäuerlich. Außen überzogen mit feinweißem Edel-Schimmel. Das Besondere zu einem guten Tropfen auf jedem anspruchsvollen Speisezettel. Im Stück frisch von der Rolle aus der Käsetheke.

Weitere köstliche Naturkäse-Spezialitäten:

Bad Aiblinger

Beste bayerische Rahmkäse-Qualität. Schnittfest, vollmundig cremig. Außen mit weißem Camembert-Schimmel. Unverkennbar mit seiner bayerisch-blauen Packung. In jeder guten Käsetheke.

Butterkäse

Hochwertig, goldgelb, feinsäuerlich mild und geschmeidig. Auch in der „warmen Küche" ein Favorit. Frisch vom Stück aus der Käsetheke oder 200 g SB-verpackt.

Welche Wortart taucht in dieser Werbung besonders häufig auf? Sprecht darüber, warum dies wohl so ist!

2

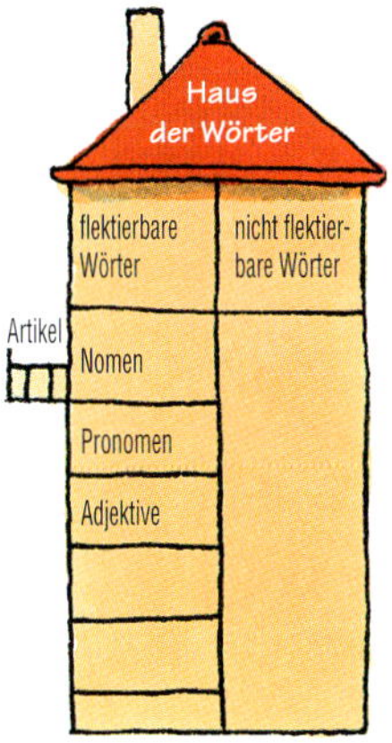

Adjektive (Eigenschaftswörter) können bei einem Verb stehen.
Beispiel: *Die Rapsfelder leuchten **gelb**.*
Oder sie sind mit einem Nomen verbunden.
Beispiel: *Die **gelben** Rapsfelder*
Dann werden sie zusammen mit dem Nomen dekliniert.
Ihre Endung ist also vom Geschlecht, von der Zahl und vom Fall des Nomens abhängig. Beispiele:

	Singular	Plural
Nominativ: 1. Fall	*ein gelbe**s** Auto*	*gelb**e** Autos*
Genitiv: 2. Fall	*eines gelbe**n** Autos*	*gelb**er** Autos*
Dativ: 3. Fall	*mit einem gelbe**n** Auto*	*mit gelbe**n** Autos*
Akkusativ: 4. Fall	*ein gelbe**s** Auto*	*gelb**e** Autos*

a Bilde zu diesen Beispielen jeweils einen ganzen Satz!

b

Es macht auch einen Unterschied, ob vor Adjektiv und Nomen ein Artikel steht oder nicht.
Beispiel: *mit **dem neuen** Hemd/**mit neuem** Hemd*
*ohne **das bunte** Badetuch/ohne **ein buntes** Badetuch/*
***ohne buntes** Badetuch*

Bilde zu diesen Beispielen jeweils einen ganzen Satz!

c

Die meisten Adjektive können gesteigert werden.
Beispiel: *schön – **schöner** – am **schönsten***

Suche für alle im Werbetext (S. 109) enthaltenen Adjektive die Steigerungsformen!

3

Zum Geburtstag hat Michael ein neues Spiel bekommen, eine Art Mikado, mit verschiedenfarbigen Stäbchen. Ihr Wert zählt je nach Farbe ganz unterschiedlich:

Die ___ Stäbchen bringen 50 Punkte, für ein ___ erhält man sogar 100 Punkte. ___ Stäbchen zählen 10 Punkte, solche mit ___ Ring nur 5 Punkte. Ein Stäbchen ist ___. Wer es berührt, bekommt 20 Punkte abgezogen.

violett, weißem, blaue, gelbes, roten, grün, schwarz

Schreibe den Text ab und setze an Stelle der ___ jeweils eines der sieben Adjektive ein, ohne es zu verändern! Wo gibt es Schwierigkeiten? Diese Aufgabe könnt ihr schnell am PC bearbeiten.

Verben

1 Sandra ▢ zum Geburtstag von ihrer Oma ein Meerschweinchen ▢ ▢. Jetzt ▢ sie sich jeden Tag um das Futter ▢; auch der Käfig ▢ jede Woche einmal ▢ ▢. Doch das Meerschweinchen ▢ ihr nach wie vor große Freude: Manchmal ▢ Sandra länger als eine Viertelstunde vor dem Käfig und ▢ ihren Mucki. Dann ▢ sie das possierliche Tierchen vorsichtig heraus und ▢ es auf ihre offene Hand, wo es aufgeregt ▢, hin und wieder ▢ es auch pfeifende, hohe Töne von sich. Wenn Sandra traurig ▢, ▢ sie Mucki auch an ihre Wange und ▢ ihm alles, worüber sie sich ▢ ▢.

hat, gesäubert, nimmt, bekommen, drückt, ist, geschenkt, kümmern, geärgert, muss, werden, macht, hat, soll, sitzt, erzählt, beobachtet, setzt, zittert, gibt

Setze an Stelle der ▢ die passenden Wörter ein, ohne den restlichen Text zu verändern! Es gibt verschiedene Lösungen. Was haben trotzdem alle eingesetzten Wörter gemeinsam?

Verben (Zeitwörter) bilden den Kern von Sätzen. Sie treten in verschiedenen Formen auf:
Verben gibt es im **Infinitiv** (Grundform) mit der Endung -(e)n und in verschiedenen **finiten Formen** (Personalformen).

Beispiele:	*Wir sollen laut* ***singen****.*	Infinitiv
	Ich ***singe*** *ein Lied. Susi* ***sang*** *falsch. Wir* ***singen*** *zu laut. Ihr* ***lacht*** *über sie. Sie* ***lachten*** *an der falschen Stelle.*	Personalformen (finite Formen)

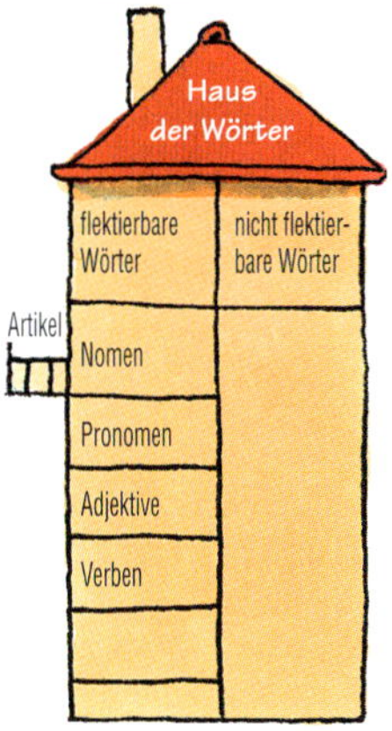

2

0 besprochen 3 sagte 5 heiß	0 überfiel 3 fast 5 verdorben	0 waren 3 wieder 5 abfällig
0 beständig 3 hinterhältig 5 neigst	0 abgebrochen 3 arbeitsam 5 mag	0 bereit 3 hielt 5 tastend
0 wollte 3 beidhändig 5 sein	0 würden 3 hastig 5 spielend	0 zukünftig 3 eigenartig 5 schuf
0 geht 3 getan 5 verloren	0 ist 3 kaputt 5 wieder	0 gewartet 3 isst 5 überwunden

a Suche in jedem Kasten die finite Form und zähle die davorstehenden Zahlen zusammen!

b Wie heißt der Infinitiv von *hast, darfst, kann, schlägt, sah, löst, schreien, verloren, sind, war*?

***c** Suche die finiten Formen von *retten, sehen, geben, sprechen, übernehmen, sein*! Lege dazu eine Tabelle in folgender Form an:

Infinitiv	retten	
finite Formen	(ich) *rette*	1. Person Singular
	(du) …	2. Person Singular
	(er, sie, es) …	3. Person Singular
	(wir) …	1. Person Plural
	(ihr) …	2. Person Plural
	(sie) …	3. Person Plural

Bilde mit den Wörtern aus 2b Sätze!

3

Die **finiten Formen** (Personalformen) eines Verbs erkennst du, wenn du das Subjekt (den Satzgegenstand) des Satzes veränderst.

- Wenn es im Singular steht, kannst du es in den Plural setzen:
  Beispiel: *Er **hat** gegessen.*
  ↓
  Singular → Plural: *Sie **haben** gegessen.*
- Wenn das Subjekt im Plural steht, kannst du es in den Singular setzen.
  Beispiel: Wir **haben** großes Glück gehabt.
  ↓
  Plural → Ich **habe** großes Glück gehabt.
- Die hervorgehobenen Wörter haben sich verändert: Es sind finite Formen des Verbs.

- *Gegessen* ist das **Partizip Perfekt** von *essen*. Es ist neben dem Infinitiv eine weitere infinite Form des Verbs *essen*.
  Beispiele: *esse, isst, esst, aßen* → finite Formen
  essen (ich habe) gegessen
  ↓ ↓
  (Infinitiv) (Partizip Perfekt)
  infinite Formen

a Wie heißen die Infinitive von *gewartet, versandt, verschwunden, geleistet*?

b Wie heißen die Partizip-Perfekt-Formen von *schlafen, verlieren, übernachten, schwimmen, gehen, zubereiten*? Bilde mit ihnen Sätze!

***c** Erweitere die Tabelle von S. 112 (Aufgabe 2c) mit den entsprechenden Partizip-Perfekt-Formen!

4

Heute ist es endlich so weit! Unsere Klasse fährt ins Schullandheim. Frau Bals und Herr Meier, die uns begleiten, stehen schon vor der Schule und warten auf den Bus. Einige aus unserer Klasse laufen inzwischen aufgeregt herum. Vera verabschiedet sich noch von ihrer Mutter, während Herbert schnell überprüft, ob er auch genug zu essen dabeihat.

Da biegt auch schon der Bus um die Ecke. Alle wollen gleichzeitig hinein und drängeln fürchterlich. Herr Meier schiebt sich dazwischen, stellt sich vor die Tür und sorgt dafür, dass wir uns hintereinander aufstellen. Einer nach dem anderen steigt dann ein. Die Ersten besetzen die hintere Bank und streiten sich, wer in der Ecke sitzen darf. „Seid nicht so wild!", ermahnt Frau Bals.

Schließlich sind alle im Bus und Herr Meier zählt noch einmal ab. Dann geht es los. So sehr wir uns jetzt freuen, in fünf Tagen fahren wir leider wieder zurück.

Schreibe alle Verben heraus! In welcher Zeitform stehen sie?

Wenn wir etwas beschreiben, was sich in der Gegenwart ereignet, dann verwenden wir das **Präsens**. Es ist eines von mehreren **Tempora** (Zeitformen, Singular: Tempus), in denen ein Verb gebraucht werden kann. Das Präsens dient auch dazu, etwas Zukünftiges auszudrücken.
Beispiel: *In fünf Tagen **fahren** wir leider wieder zurück.*

5 Der Unfall

Als Nicki nach Hause kommt, will er unbedingt etwas erzählen: „Heute ist in der Pause was passiert! Wir sind alle in der oberen Pausenhalle herumgestanden und haben uns unterhalten. Plötzlich hat mich jemand von hinten angestoßen und ich bin ins Straucheln gekommen. Ich habe mich noch am Geländer festhalten wollen, doch es ist schon zu spät gewesen und ich bin voll auf die Michaela gefallen. Dummerweise hat die gerade eine offene Milchtüte in der Hand gehabt. Gemeinsam sind wir die Treppe hinuntergepurzelt. Überall ist die Milch herumgespritzt; den Thomas hat's dabei voll erwischt: Seine ganzen Schulsachen sind nass geworden. Ich bin dann gleich wieder aufgestanden, aber die Michaela ist liegen geblieben. Der Sanka hat sie dann ins Krankenhaus gebracht. Herr Hupf, unser Sportlehrer, hat gemeint, dass sie sich vielleicht einen Bänderriss zugezogen hat."

a Wann hat sich der Unfall ereignet?

b Schreibe alle Verben heraus und kennzeichne mit Farbe, welche zusammengehören!
Beispiel: *Heute ist in der Pause was passiert!*

> Beim mündlichen Erzählen von Vergangenem verwenden wir als Tempus (Zeitform) das **Perfekt**.
> Beispiel: Thomas erzählt ganz aufgeregt: „*Mein Bruder Peter **ist** vorhin die Treppe **hinuntergefallen**, er **hat** sich dabei die Nase **aufgeschlagen**.*“

6 Wenn in der Schule ein Unfall passiert ist, muss für die Versicherung ein Unfallbericht verfasst werden. Die Konrektorin, die dafür zuständig ist, hat geschrieben:

Am Freitag, dem 30. Juni, ereignete sich in der ersten Pause ein Unfall mit Personenschaden. Der Schüler Dominik Lustig aus der Klasse 5a erhielt von unbekannter Seite einen Stoß, sodass er ins Straucheln kam. Dabei riss er die Schülerin Michaela Weinerlich, Klasse 6d, mit. Beide stürzten die Treppe hinunter, wobei durch eine offene Milchtüte geringer Sachschaden entstand. Als Michaela Weinerlich am Fuße der Treppe zu liegen kam, stellte sich heraus, dass sie nicht mehr aufstehen konnte. Unser Sportlehrer, Herr Hupf, der als Pausenaufsicht Zeuge des Geschehens war, veranlasste, dass der Krankenwagen sie ins Krankenhaus von Landsberg brachte. Es ließ sich nicht ermitteln, wer den für den Unfall ursächlichen Stoß ausgeteilt hatte.

a Vergleiche diesen Unfallbericht mit der Erzählung von Nicki (S. 114)! Welche Unterschiede stellst du fest? Achte dabei besonders auf die verwendeten Verbformen!

> Für einen schriftlichen Bericht oder für eine schriftliche Erzählung verwendet man als Tempus (Zeitform) das **Präteritum**.
> Beispiel: *Der Unfall **ereignete** sich am Freitag. Es **gab** eine Verletzte.*

b Suche alle Verbformen aus dem Bericht der Konrektorin heraus und ergänze folgende Tabelle in deinem Heft!

Infinitiv	Partizip Perfekt	3. Person Singular Präsens	3. Person Singular Präteritum
ereignen	*ereignet*	*ereignet*	*ereignete*
?	*?*	*?*	*erhielt*

c Schreibe Nickis Erzählung in das Präteritum um!
Beginne so: *Wir standen alle in der oberen Pausenhalle herum und unterhielten uns.*

***d** Impuls für ein Spiel in der Klasse
Die Lehrerin schreibt den Infinitiv eines Verbs an die Tafel; ein Schüler gibt an, welche Form er haben möchte (zum Beispiel 2. Person Plural Präsens) und ruft einen anderen Schüler auf. Kann dieser auf Anhieb die richtige Antwort geben, darf er die nächste Aufgabe stellen, kann er es nicht, scheidet er aus. Wer am längsten dabeibleibt, hat gewonnen.

7 Das Plusquamperfekt

Als ich die Tür öffnete, sah ich, dass sich jemand am Tresor zu schaffen **machte**.

Als ich die Tür öffnete, sah ich, dass sich jemand am Tresor zu schaffen **gemacht hatte**.

a Beschreibe den inhaltlichen Unterschied!

b Untersuche die Verben nach finiten und infiniten Formen!

c Wodurch unterscheiden sich die hervorgehobenen Verbformen?

Normalerweise berichtest oder erzählst du im Präteritum. Wenn du dabei einen Zustand oder einen Vorgang darstellen möchtest, der noch weiter zurückliegt, verwendest du das **Plusquamperfekt**.

Beispiel: *Gestern rief mich Clarissa an. Sie* ***war*** *gerade erst von einem Schulausflug* ***zurückgekommen****. Im Zoo* ***hatten*** *sie viele interessante Tiere* ***gesehen****.*

d Stell dir vor, was mir gestern passiert ist:

Ich komme nach der Schule nach Hause, da ist niemand da; es hängt nur ein Zettel an der Tür, auf den meine Mutter geschrieben hat: „Komm gleich zur Nachbarin!“ Ich gehe sofort los, klingle und warte. Keiner macht mir auf. Da erinnere ich mich, dass Frau Meier schon vor längerer Zeit erzählt hat, dass ihre Klingel nicht mehr funktioniert. Ich tapse also ums Haus. Gerade als ich beim Küchenfenster hineinschauen will, bemerke ich, dass sich die Terrassentür einen Spalt geöffnet hat. Ich sehe nur die Nasenspitze meiner Mutter und dass sie mir winkt. Ich will zu ihr hinlaufen, doch das ist nicht so einfach. Weil ich nicht aufgepasst habe, hänge ich mit dem Ärmel an den Spalierrosen fest. Mühsam befreie ich mich. Nachdem ich mich vorsichtig von allen Dornen losgemacht habe, ist es endlich so weit. Statt mir entgegenzukommen und mir zu helfen, ist meine Mutter die ganze Zeit über in der Tür stehen geblieben und hat sie sogar noch ein Stück weiter zugezogen. Als ich glücklich bei ihr bin, hält sie sich den Finger vor den Mund und schiebt mich behutsam durch den Türspalt. Ich sehe, dass in der Küche ein Heizstrahler eingeschaltet worden ist und dass Frau Meier über eine Kiste gebeugt steht. Als ich mich nahe genug herangewagt habe, erkenne ich, was in der Kiste los ist. Alles ist voller Haare, die sich stoßweise auf- und abbewegen. Ich schaue fragend meine Mutter an und sie erklärt mir: „Muschi, die Katze von Meiers hat an diesem Vormittag sechs Junge bekommen.“ Jetzt gehe ich noch etwas näher heran und tatsächlich: In der Mitte der Kiste liegt Muschi, etwas schläfrig, und um sie herum wuseln die Jungen in ganz unterschiedlichen Farben. Natürlich bitte ich sofort Frau Meier um eines dieser Kätzchen, die Muschi kurz zuvor zur Welt gebracht hat. Sie verspricht es mir. Ich darf mir eines aussuchen, wenn sie etwas größer geworden sind.

Diese Erzählung steht im Präsens. Übertrage sie ins Präteritum und achte dabei darauf, welche Teile ins Plusquamperfekt gesetzt werden müssen. Was passiert mit dem letzten Satz?

***e** Erzähle die Geschichte nach!

▶ S. 45 ff., Nacherzählen

Die Satzbaustelle

Umstellprobe

1 Christine gibt der Lehrerin zu Beginn der Stunde freiwillig ihr Deutschheft.

Diesen Satz kann man auf vielfältige Weise umstellen.
Beispiel: *Der Lehrerin gibt Christine zu Beginn der Stunde freiwillig ihr Deutschheft.*

a Schreibe den ursprünglichen Satz auf einen Papierstreifen und schneide die einzelnen Wörter aus! Probiert in Partnerarbeit die Umstellmöglichkeiten! Schreibt sie auf!

b Welche Wortgruppen bleiben bei allen Umstellungen stets zusammen? Unterstreiche sie mit verschiedenen Farben!

2 Ein Fisch erzählt seinen Lebenslauf

Ich erblickte das Wasser vor drei Fischjahren in einem Teich. Ich erfuhr meinen lateinischen Namen in der 5. Klasse der Unterwasser-Schuppenschule. Ich werde von den Wissenschaftlern cyprinus carpio genannt. Ich bin auf meinen Namen sehr stolz. Ich höre aber am liebsten auf Karpfen. Ich sehe das Grinsen meiner Mitfische bei diesem Namen. Das stört mich nicht.

a Lies den Text und beurteile die Wirkung!

b Stelle die Satzglieder im Lebenslauf so um, dass der Text abwechslungsreicher wird! Überprüfe die Wirkung durch lautes Lesen! Überprüfe auch hier, welche Wortgruppen zusammenbleiben!

Wörter oder Wortgruppen, die bei der **Umstellprobe** zusammenbleiben, heißen Satzglieder. Wenn du die **Satzglieder** in Sätzen unterschiedlich anordnest, kannst du dich abwechslungsreicher ausdrücken.

c Beginne den Satz von Aufgabe 1 so: *Gibt Christine* … Welches Satzzeichen muss am Ende stehen?

▶ G S. 128, Satzarten

✶ 3 Bäumchen wechsle dich

Elf Schülerinnen oder Schüler kommen nach vorne, erhalten je ein DIN-A4-Blatt und schreiben darauf in großer Schrift eines der unten stehenden Wörter. Dann stellen sie sich in einer Reihe vor der Klasse auf und halten ihren Zettel vor sich. Die übrigen Schüler dirigieren sie in die richtige Reihenfolge. Nachdem der erste Satz vollendet ist, werden die Umstellproben gemacht. Schülerinnen oder Schüler, die dabei stets nebeneinander zu stehen kommen, stellen ein Satzglied dar.

a glaubten – uns – Hexen – vor – Zauberer – Jahrhunderten – an – und – Menschen – die – bei

b Schüler – Klassenzimmer – der – die – beziehen – Freitag – 5a – neues – am – Klasse – ein

Subjekt und Prädikat

Wir haben bereits festgestellt, dass jeder Satz aus einzelnen Satzgliedern besteht, die miteinander umgestellt werden können. Einige Satzglieder müssen vorhanden sein, damit der Satz grammatisch richtig ist, andere können auch wegfallen.
Beispiel: *Die Kinder haben ~~gestern im Garten nebenan Fußball~~ gespielt.*

1

(1) Wir haben gestern 50,– € für die Kinder in Indien gesammelt.

(2) Der Lehrer hilft Sabine beim Zeichnen eines Kreises.

(3) Einzelne Schüler passen in der Deutschstunde bei Herrn Huber nicht auf.

(4) Maria hat letzte Woche Sandra ihr Lieblingsbuch geliehen.

(5) Im Biologieunterricht bestimmen wir morgen das Gewicht einer Heuschrecke.

Welche Satzglieder müssen in den einzelnen Sätzen erhalten bleiben, damit der Satz grammatisch vollständig ist?

2

Zwei Satzglieder, die in jedem vollständigen Satz vorkommen müssen, sind Subjekt und Prädikat. Das **Prädikat** eines Satzes besteht aus den im Satz vorkommenden finiten und infiniten Verben.
Beispiel:
*Der Schularzt **hat** alle Kinder der Klasse **untersucht**.*

↓ finit — ↓ infinit (Partizip Perfekt)

a Bestimme in den Beispielsätzen von Aufgabe 1 die Prädikate ! Überprüfe, ob sie weggelassen werden können!

b Bilde die Infinitive der finiten Verben !

c Bestimme in Text 3, „Der kranke Hase“ (S. 127), alle Prädikate !

3

Das **Subjekt** eines Satzes findet man, wenn man fragt:
Wer (oder **was**) + **Prädikat**?
Beispiele:
Susi schläft. → Prädikat: *schläft.* Wer *schläft? Susi* → Subjekt
Noch in diesem Jahr soll ***die Schule*** *umgebaut werden.* → Prädikat: *soll umgebaut werden.* Wer (oder was) *soll umgebaut werden? Die Schule* → Subjekt

a Bestimme jetzt in dem Text „Der kranke Hase" (S. 127) alle Subjekte, indem du genauso vorgehst wie bei den Beispielen im Kasten!

b *versuchen – abschreiben – vergessen – kitzeln – unternehmen – sehen – austrinken*

Bilde Sätze, in denen diese Verben als Prädikate vorkommen! Setze dabei die Verben in verschiedene Tempora!

▶ G S. 191, Tempus, Tempora

Objekte

Jeder vollständige Satz besteht mindestens aus Subjekt und Prädikat. Manchmal muss, manchmal kann auch ein Objekt dabeistehen. Drei Arten von Objekten sollen hier näher untersucht werden: **Dativ-, Akkusativ-** und **Genitivobjekt**.

1 *Thomas schenkt Andreas ein Bild.*

a Kann bei diesem Satz ein Satzglied weggelassen werden?

b Bestimme Prädikat und Subjekt!

c Wie muss man nach *Andreas*, wie nach *ein Bild* fragen?

2

Ein **Dativobjekt** (Objekt im 3. Fall) erkennt man, wenn man fragt: **Wem + Prädikat + Subjekt?**
Beispiel: *Der Wanderer traut* ***dem Wetter*** *nicht.* Prädikat: *traut nicht.* Subjekt: Der Wanderer.
Wem *traut der Wanderer nicht? Dem Wetter.*

↓ Prädikat ↓ Subjekt

dem Wetter ist das Dativobjekt des Satzes.

a Bilde Sätze mit einem Dativobjekt!

b Tausche mit deiner Nachbarin/deinem Nachbarn das Heft aus und bestimme Subjekt und Prädikat. Überprüfe mit der Wem-Frage, ob es sich wirklich um ein Dativobjekt handelt!

3

Ein **Akkusativobjekt** (Objekt im 4. Fall) liegt vor, wenn man fragt: **Wen (oder was) + Prädikat + Subjekt?**
Beispiel: *Die Schüler kaufen* ***Sprachbücher.*** → Prädikat: *kaufen,* → Subjekt: *Die Schüler.*
Wen (oder was) *kaufen die Schüler? Sprachbücher*

↓ Prädikat ↓ Subjekt

Sprachbücher ist das Akkusativobjekt.

Suche aus dem Text „Der kranke Hase“ (S. 127) alle Akkusativobjekte heraus, indem du so vorgehst, wie im Kasten beschrieben!

4

Ein **Genitivobjekt** (Objekt im 2. Fall) findet man, wenn man fragt: **Wessen + Prädikat + Subjekt?**
Beispiel: *Am Grab gedenkt man* ***der Toten.*** → Prädikat: *gedenkt,* → Subjekt: *man.*
Wessen *gedenkt man? Der Toten*
↓ ↓
Prädikat Subjekt
der Toten ist das Genitivobjekt.

Nach dem Grillfest rühmte sich Patricks Vater seiner Kochkünste. Er erinnerte sich eines Rezeptes und suchte sofort im Kochbuch. Doch Patricks Mutter meinte spöttisch: „Lass es für heute gut sein, wir haben deine Kochkünste genug strapaziert!“ Aber der Vater schien nicht mehr zu bremsen. Da bediente sich Patricks Mutter eines Tricks. „Vielleicht solltest du dein wundervolles Rezept von der angebrannten Weihnachtsgans unseren jungen Freunden bekannt geben?“ Das genügte. Der Vater besann sich eines Besseren und legte rasch das Kochbuch zur Seite. Alle lachten.

Bestimme die Genitivobjekte !

5

Spielregeln für vier

Jeder denkt sich einen Satz nach dem unten stehenden Muster aus und schreibt ihn verdeckt auf. Der Erste schreibt nun sein Subjekt auf das geknickte Blatt (siehe Beispiel!), verdeckt es und gibt es weiter. Der Zweite schreibt sein Prädikat, der Dritte sein Objekt, der Vierte seine Ortsangabe. **Aber:** *Keiner darf aufdecken! In der zweiten Runde schreibt der Erste sein Prädikat, der Zweite sein Objekt, der Dritte seine Ortsangabe, der Vierte sein Subjekt und so weiter, bis jeder seinen Satz aufgeschrieben hat.*

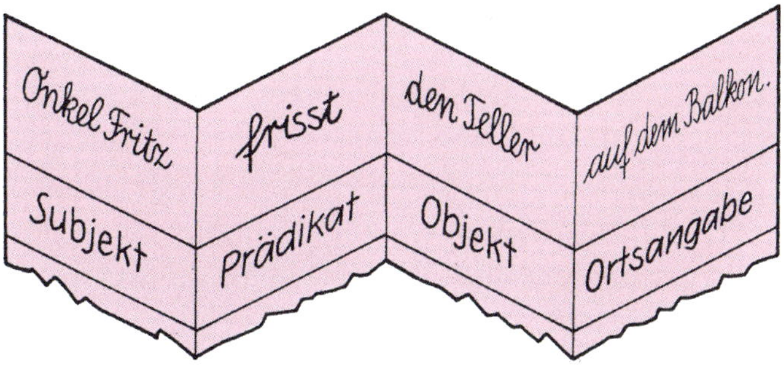

6

(1) Subjekt, Prädikat
(2) Subjekt, Prädikat, Dativobjekt
(3) Subjekt, Prädikat, Akkusativobjekt
(4) Subjekt, Prädikat, Dativobjekt, Akkusativobjekt

a Bildet in Partnerarbeit vollständige, grammatisch richtige Sätze, die nur aus den angegebenen Satzgliedern bestehen!

b Tauscht aus und überprüft die Richtigkeit eurer Sätze!

✶ 7 Schatzsuche

1 Mutter hat es ihm versprochen.
2 Wir schlafen im Zelt.
3 Das Karussell fährt im Kreis.
4 Sie gibt keine Antwort.
5 Morgen singen wir im Chor.
6 Alle sind zufrieden.
7 Wir üben mit dem Buch.
8 Ich springe von der Mauer.
9 Der Bus ist überfüllt.
10 Die Schüler benützen den Bus.
11 Sie schlafen bald ein.
12 Wir fällen die Bäume.

Um den Schatz zu finden, braucht man eine zweistellige Zahlenkombination. Du kannst sie herausfinden, wenn du die Zahlen jener Fächer zusammenzählst, in denen ein Dativ- oder/und ein Akkusativobjekt vorkommt. Die Summe ergibt die Seitenzahl, auf der in diesem Buch das Geheimnis gelüftet wird.

8

Diese Lehrerin gibt

Manche Leute verwechseln

Wir verdanken

Der Schulleiter bestraft

Dieses Spiel gefällt

Vater verliert

Der Bestohlene vergibt

den zahlreichen Zuschauern.

die unverschämten Schüler.

das Buch mit dem Fernsehapparat.

den Schülern nur gute Noten.

die überflüssigen Pfunde.

dem unverbesserlichen Spitzbuben.

der Schule viele interessante Erlebnisse.

Welche Teile passen grammatisch zueinander? Schreibe alle möglichen Sätze heraus!

✶ 9 Märchensuchspiel

(1) Das Mädchen brachte der Großmutter ▢.
(2) Die sieben Zwerge warnten ▢ vor der bösen Frau.
(3) Das Knusperhäuschen aber gehörte ▢.
(4) Der Wolf fraß ▢ außer dem jüngsten.
(5) Das Männlein half ▢, Stroh zu Gold zu spinnen.
(6) Beim Spielen fiel ▢ die goldene Kugel in den Brunnen.
(7) Die Turteltauben halfen ▢, die Linsen aus der Asche zu lesen.
(8) Der Fluch ging in Erfüllung, die Spindel stach ▢.
(9) Die Stiefmutter steckte ▢ den giftigen Kamm ins Haar.
(10) Der Reiter tauschte ▢ gegen einen Klumpen Gold.

▶ S. 30 ff., Märchen

Satzreihe und Satzgefüge

1 *Christine* gibt *der Lehrerin ihr Heft, denn sie ist stolz auf ihren Aufsatz.*

a An welcher Stelle im Satz stehen die finiten Formen ?

b

Eine **Satzreihe** besteht aus mindestens zwei Hauptsätzen. Sie werden durch ein Komma getrennt:
Beispiel: *Die Eltern saßen beim Essen, die Kinder spielten währenddessen im Garten.*
Sind die beiden Hauptsätze mit ***und*** oder ***oder*** verbunden, kann das Komma entfallen.

Bildet Satzreihen mit zwei Hauptsätzen! Welche Gruppe kann die längste Satzreihe bilden?

2 (1) *Christine gibt der Lehrerin ihr Deutschheft,* ***obwohl sie gar nicht dazu aufgefordert wurde****.*
(2) *Christine gibt der Lehrerin ihr Deutschheft,* ***noch bevor die Stunde begonnen hat.***

a Schreibe die beiden Sätze ab und unterstreiche die Verben ! Verwende dazu zwei verschiedene Farben für finite und infinite Formen !

b Wo stehen die finiten Formen im Hauptsatz, wo im Nebensatz?

c

Ein **Satzgefüge** besteht aus einem Hauptsatz und mindestens einem Nebensatz. Hauptsatz und Nebensatz werden durch ein Komma getrennt.
Einen **Nebensatz** erkennt man daran, dass die finite Form (Personalform) des Verbs am Ende steht.
- Nebensätze können dem Hauptsatz *folgen*:
  Beispiel: *Christine gibt der Lehrerin ihr Deutschheft, obwohl sie gar nicht dazu aufgefordert* ***wurde****.* (HS, NS.)
- Nebensätze können dem Hauptsatz vorausgehen:
  Beispiel: *Obwohl sie gar nicht dazu aufgefordert* ***wurde****, gab Christine der Lehrerin ihr Deutschheft.* (NS, HS.)
- Nebensätze können in den Hauptsatz eingebettet sein:
  Beispiel: *Christine gab, ohne dass sie dazu aufgefordert* ***wurde****, der Lehrerin ihr Deutschheft.* (H, NS, S.)

Stelle den Satz (2) nach diesem Muster um!

3 Der kranke Hase

Manuela bemerkte beim Aufstehen, dass sich ihr Zwerghase Mümmelmann gar nicht um sein Fressen kümmerte. Sofort lief sie zu ihrem Bruder Hansi, der gerade seine Schildkröten fütterte. Sie rief: „Deine Tiere fressen wie wild, aber mein Mümmelmann rührt seine Karotten nicht an.“ Hansi, der seine Schwester sehr gerne hatte, ging sofort mit und sah sich Mümmelmann an.

a Schreibe den Text ab, suche die finiten Formen der Verben heraus und unterstreiche die Nebensätze!

b Als er mit eigenen Augen beobachtet hatte dass der Hase tatsächlich sein Futter nicht angerührt hatte liefen beide Kinder zu ihrer Mutter und klagten: „Mutti, Mümmelmann will nichts mehr fressen. Er schaut auch aus als ob er krank ist!“ Ihre Mutter tröstete sie und sagte dass sie gleich am Nachmittag mit dem Hasen zum Tierarzt gehen wolle.

Am Abend war dann für Manuela die Welt wieder in Ordnung: Der Tierarzt hatte Mümmelmann gründlich untersucht und festgestellt dass er sich am Tag zuvor einfach überfressen hatte. Manuela war glücklich weil ihrem Hasen nichts Ernsthaftes fehlte.

c Schreibe ab und setze die notwendigen Kommas!

d Unterstreiche die Nebensätze!

► R S. 160 f., Haupt- und Nebensatz (*dass*-Sätze)

4 Andere Länder, andere Sitten

In den USA gibt es noch Gesetze die jeder für äußerst seltsam halten wird.

So wird in Barre jeder Bürger bestraft der samstags kein Bad nimmt.

Eine Frau die mehr als 200 Pfund wiegt darf in Grunee beim Ausreiten keine Shorts tragen.

In Georgia wird der Besitzer von Hühnern die über die Straße gehen bestraft.

Jemand der sich im Messerwerfen üben will darf das unter keinen Umständen an Menschen tun die gestreifte Anzüge tragen. Das ist in Natoma verboten.

Ein Ehepaar das keine gemeinsame Wohnung hat kann in Michigan ins Gefängnis kommen.

Jemand der sich am Tag rasiert begeht in Poplar einen Gesetzesverstoß. Dort steht auch derjenige unter Strafandrohung der ein Mädchen mit einem Staubwedel unter dem Kinn kitzelt.

In Sheridan wird jeder Hund der sich einem Feuerhydranten mehr als drei Meter nähert eingefangen und seinem Besitzer wird eine saftige Strafe aufgebrummt.

Schreibe den Text ab und setze die notwendigen Kommas.

Sätze, bei denen das Verb oder ein Fragewort (wer, was, wo, wie, ...) am Anfang steht, nennt man **Fragesätze**. Am Schluss musst du stets ein Fragezeichen setzen.
Beispiel: ***Gibt*** *Christiane ihr Heft ab?* ***Wem gibt*** *sie ihr Deutschheft?* ***Wann gibt*** *sie es der Lehrerin?*

Bei **Aufforderungssätzen** steht das Verb immer am Anfang.
Beispiele: ***Gib*** *mir das Heft!* ***Gebt*** *mir die Hefte!* ***Geben*** *Sie mir das Heft!*
Meist setzt man am Ende eines Aufforderungssatzes ein Ausrufezeichen.
Bei **Aussagesätzen** steht am Ende ein Punkt.
Beispiel: *Heute geht es uns gut.*

Ich bin der Rechtschreibfix

Hallo, ich bin der Rechtschreibfix. Ich möchte dich in den folgenden Kapiteln beim Rechtschreiben begleiten. Meine Tipps sollen dir helfen, viele Aufgaben leichter zu lösen. Dann wirst du bald ein Rechtschreibkönner sein wie ich. Also, auf gutes und richtiges Schreiben!
Übrigens: Die neuen grammatischen Begriffe sind sowohl in meinem Kapitel als auch im Grammatikteil farbig unterlegt. Im Anhang kannst du sie nachschlagen.

Sollte man richtig schreiben können?

1 Zweihundetreffensichbelltdereine:wauderandere:kikeriwasistdenn mitdirlosfragtdererstehundheutzutagemussmanfremdsprachenkön nensagtderzweitehund

a Wer kann den Text zuerst richtig lesen?

b Schreibe den Text richtig in dein Heft!

▶ **R** S. 175 ff., Zeichensetzung bei der wörtlichen Rede

2 Ein Unterschied?

Der Müller mahlt Getreide.
Der Müller malt Getreide.

Je nachdem, ob du *mahlt* oder *malt* schreibst, macht der Müller etwas anderes.

Spiele mit dem Rechtschreibfix

1 Wörterhalma

a Suche möglichst viele Wörter mit *d* oder *t*!

b Schreibt die Wörter an die Tafel!

c Stellt selbst Wörtersuchspiele mit Würfeln zusammen!

2 Buchstabenkasten

B	U	C	H	X	**F**	**E**	**R**	**I**	**E**	**N**	B	N	P	W
K	R	K	L	A	K	A	U	F	G	A	B	E	A	A
H	E	F	T	R	L	E	L	E	H	R	E	R	U	N
L	A	S	Q	B	A	F	G	R	H	T	J	O	S	D
I	G	T	W	E	S	R	U	H	E	A	F	A	E	G
E	M	U	K	I	S	A	G	U	Z	F	W	O	R	T
D	B	H	J	T	E	B	A	N	K	E	E	G	G	F
A	D	L	H	A	F	G	Z	U	I	L	L	M	B	S

a Im Buchstabenkasten sind 15 Wörter versteckt, die zum Bereich Schule und Unterricht gehören. Schreibe sie in dein Heft!

b Ihr könnt selbst Buchstabenkästen zu bestimmten Bereichen „erfinden“.

3 Wörterschlangen

eineherrlichepuppekommtammittagaufei
nempferdgerittenundkämmtsichihrhelleshaar

a Welche Wörter stecken in der Schlange? Schreibe den Satz zunächst am PC, füge die Leerzeichen richtig ein und korrigiere die Kleinschreibung!

b Sieben Wörter haben ein gemeinsames Merkmal in der Schreibweise.

c Bildet andere Wörterschlangen! Das nächste Wort beginnt dabei mit dem letzten Buchstaben des vorhergehenden!

▶ R S. 151 f., Doppelkonsonanten

4 Silbenrätsel

1. Kurze Strümpfe (4)
2. Öffnung im Haus, durch die das Licht einfällt (1)
3. Wasser- und pflanzenlose Gegend (2)
4. Schlagwerkzeug (1)
5. Sie leiten das Wasser ins Meer. (4)
6. Zur Weihnachtszeit beliebte hartschalige Früchte (2)
7. Sie führt über ein Tal, einen Fluss. (2)
8. Sie und die Hose ergeben einen Anzug. (3)
9. Damit werden Kleider gesäubert. (5)

a Mit den folgenden Silben musst du die Lösungswörter bilden:

Flüs – Brü – So – mer – Ja – Bürs – cken – te – Fens – cke – ter – Wüs – cke – Ham – se – se – Nüs – te

b Du kannst nun selbst ein Silbenrätsel anfertigen und deinem Banknachbarn/deiner Banknachbarin vorlegen.

5 Kreuzworträtsel

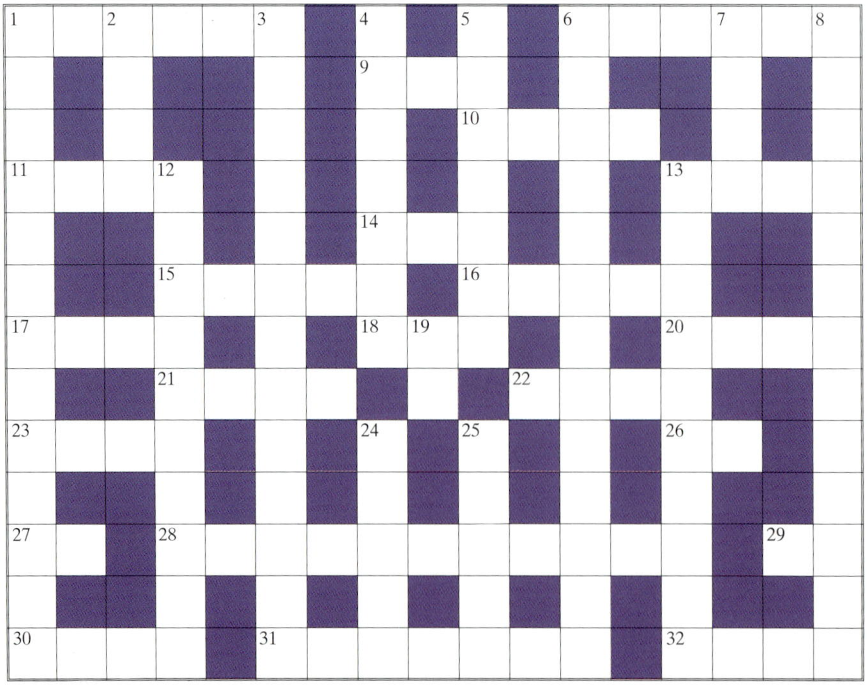

waagerecht:

1 Stöpsel oder Verschluss bei Flaschen, Rohrleitungen oder auch bei Blutbahnen
6 naturwissenschaftliches Unterrichtsfach
9 anderer Name für Fußballmannschaft
10 Lied in der Oper
11 gefrorener Tau
13 Zeile eines Gedichts
14 Treffer beim Fußballspiel
15 Kletterpflanze (auch Mädchenname)
16 Dieses Metall kann rosten.
17 eine Speisewürze für die Kartoffeln und die Suppe
18 anderes Wort für selten
20 Fischöl
21 gepolsterte Sitzbank
22 Ausruf des Verachtens, Zuruf für Hund, wenn er etwas nicht tun soll
23 Pelle oder Schale
26 männlicher Artikel im Französischen
27 hohe Spielkarte
28 Aufeinanderfolge von Zuständen, wenn es aufwärts geht
29 Währungseinheit in Deutschland bis 2002 (Abkürzung)
30 „Finger" am Fuß
31 wenn sich Schlangen zusammenrollen
32 Hohlkörper, Teil einer Leitung

senkrecht:

1 Mädchenfrisur mit hinten zusammengebundenen Haaren
2 Kurzform von Rudolf
3 braucht im Straßenverkehr keinen Führerschein
4 Öffnung in der Wand
5 Gemeindeseelsorger
6 schulfreie Zeit im Frühjahr
7 spannende Geschichte aus alten Zeiten
8 Unterrichtsraum in der Schule
12 Schreibgeräte fürs Malen, Unterstreichen und Schreiben
13 Gerät mit Propeller, um frische Luft zuzuführen
19 Ausdruck des Schmerzes
24 Gefäße für Schnittblumen
25 Flagge

a Lege eine Schreibfolie über das Rätsel und löse es!

b Ordne die Wörter zuerst nach *pf, ph, v, f* und dann noch alphabetisch!

✶ 6 Ein Rechtschreib-Kreuzworträtsel erstellen

Wählt dazu zwei gleich lange Wörter aus, die das Gerüst für das ganze Rätsel sind, zum Beispiel: OMNIBUS und TELEFON.
Dann versucht, daraus ein „Kammrätsel“ (mit „Zinken“ nach einer Seite) oder ein „Doppelkammrätsel“ (mit „Zinken“ nach beiden Seiten) herzustellen.

D	**O**	**T**	T	E	R
	M	**E**			
A	**N**	**L**	A	G	E
	I	**E**			
A	**B**	**F**	A	L	L
	U	**O**			
	S	**N**			

Beispiel für ein Doppelkammrätsel:

Ganz wichtig ist es, den zu ratenden Begriff knapp und treffend zu beschreiben, ohne ihn oder Teile von ihm direkt zu nennen. Ihr könnt die Gerüstwörter auch auseinanderziehen, zum Beispiel in die erste und letzte Spalte setzen. Das Füllen macht dann aber etwas mehr Mühe.

7 Spiel für Alphabet-Expertinnen und -Experten

a Wer kann das Alphabet am schnellsten aufsagen, aufschreiben?

b Ein/e Schüler/in nennt ein Nomen. Wer findet am schnellsten drei Wörter, die mit dem nächsten Buchstaben des Alphabets beginnen?

c Jede/r denkt sich ein Verb aus und sagt es laut der Klasse. Alle schreiben die Wörter der Reihe nach auf. Eine/r schreibt sie an die Tafel. Wer hat zuerst die Wörter in der richtigen alphabetischen Reihenfolge durchnummeriert?

▶ R S. 141, Alphabet üben

Arbeitshilfen

Richtig schreiben können, ist gar nicht so schwer.
Es fällt leichter, wenn du schon von Anfang
an einige Hilfen und Tricks beherrschst.
Mit diesen Arbeitshilfen habe auch ich gelernt.

1 Sauber und leserlich schreiben

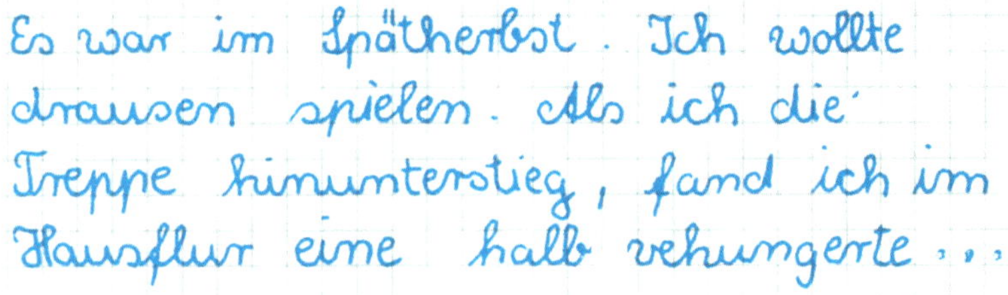

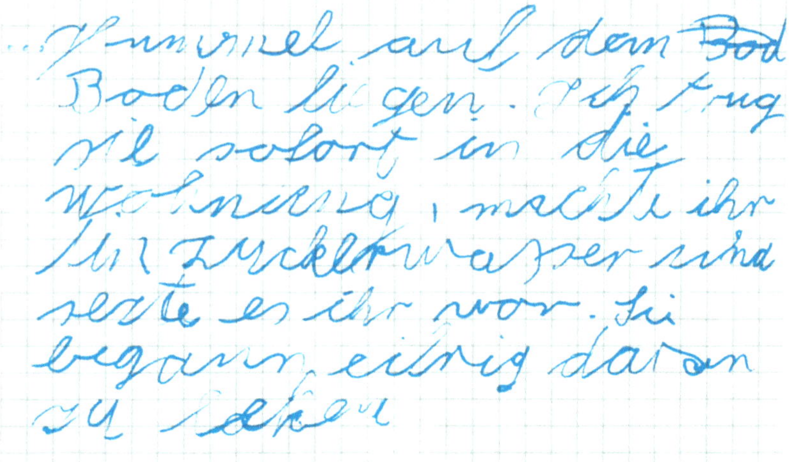

a Im ersten Teil des Textes sind zwei Rechtschreibfehler. Welche?

b Auch im zweiten Text sind Rechtschreibfehler. Warum kannst du sie nur sehr schwer erkennen?

⋆c Soll man möglichst unleserlich schreiben, damit man die Fehler ja nicht erkennt?

2 Aufmerksam lesen und zuhören

An einem schönen Samstag ging ich mit meinem besten Freund zu einem kleinen Weiher.

a Welche Laute und Lautgruppen in den unterstrichenen Wortpaaren kann man sehr leicht verwechseln?

b Sprich den Satz deutlich vor dich hin!

c Bilde weitere Sätze aus Wörtern mit ähnlichen Lauten (*d* und *t*) und diktiere sie deinem Nachbarn/deiner Nachbarin!

▶ G S. 121 f., Dativobjekt, Akkusativobjekt

3 Partnerdiktat

Tipps zum Partnerdiktat

- Lies dem Partner oder der Partnerin einen vollständigen Satz vor!
- Diktiere anschließend einen Teil des Satzes nach dem anderen (Sinnabschnitte)!
- Lies den vollständigen Satz noch einmal vor und diktiere dann den nächsten Satz!
- Beim **-Zeichen wechselt ihr die Rollen.
- Wenn der Partner oder die Partnerin einen Fehler macht, gib einen Hinweis!
- Kurze Texte kannst du dir am PC diktieren lassen.

Weltraumfahrer

Ein Fisch hing an einem Angelhaken. „Was zappelst du so aufgeregt?“, wunderten sich die anderen Fische. „Ich zappele nicht aufgeregt“, erwiderte der Fisch, „ich bin Weltraumfahrer und übe in der Schleuderkammer.“ „Das glauben wir nicht“, sagten die anderen Fische und warteten, wie es weiterging.

** Der Fisch am Haken erhob sich und flog in hohem Bogen davon. Die Fische staunten: „Er hat unsere Welt verlassen und ist in den Raum hinausgeflogen. Was wird er erzählen, wenn er zurückkommt?“ Er kam aber nicht wieder.

✶✶ Die Fische sagten: „Es stimmt also, was unsere Vorfahren uns überliefert haben. Draußen ist es schöner als hier bei uns.“ Einer nach dem anderen ging zum Training in die Schleuderkammer und flog davon. Die anderen standen an und warteten, bis sie an die Reihe kamen.

✶✶ Am Ufer des Sees saß ein Angler und weinte. Einer der Fische fragte ihn: „Großer Fisch, warum weinst du? Hast du auch geglaubt, dass es im Weltraum schöner ist?“ „Deshalb weine ich nicht“, entgegnete der Angler, „ich weine, weil ich keinem erzählen kann, was hier passiert: fünfzig in einer Stunde und kein Zeuge weit und breit.“

4 Abschreiben

a Schreibe aus dem Text „Weltraumfahrer“ auf S. 136 f. alle Wörter mit Doppelkonsonanten (zum Beispiel: *ff*, *mm*, *nn*, …) heraus!

b Schreibe aus dem Text „Weltraumfahrer“ auf S. 136 f. alle großgeschriebenen Wörter heraus!

c Schreibe den Text auf S. 136 f. ab! Tauscht aus und korrigiert eure Texte! Wer hat die wenigsten Fehler?

✶d Sucht euch aus eurem Sprachbuch kurze Texte und überlegt, welche Wörter (zum Beispiel Nomen, Verben, Adjektive), welche Satzteile oder welche Zeilen usw. ihr abschreiben wollt!

✶e Präge dir einen Satz aus einem Text ein, schreibe ihn dann auswendig auf!
Ihr könnt euch auch einen Text fünf Minuten lang einprägen.
Wer kann die meisten Sätze richtig auswendig aufschreiben?

5 Aus der Wortfamilie erschließen

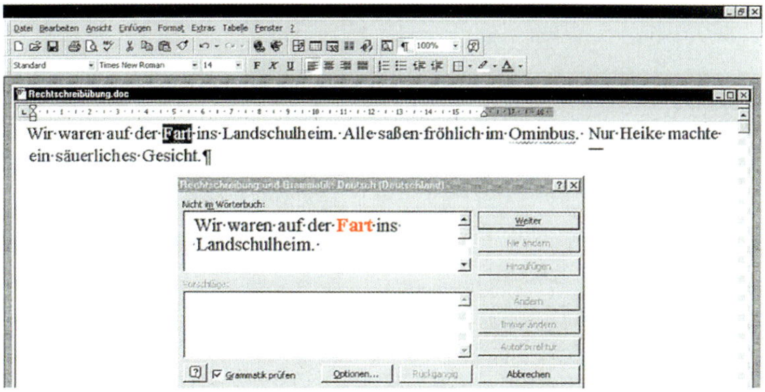

Woher weiß der Computer, dass „Fart" falsch geschrieben ist?
Er vergleicht jedes Wort des Textes mit seinem Wörterbuch. Wenn er eines findet, das nicht in seinem Wörterbuch steht, sucht er eines, das ähnlich aufgebaut ist. Dann fordert er auf zu entscheiden, welche Schreibweise die richtige ist. Du bist viel schlauer als jeder Computer! Wenn du das Wort **Fahrt** überprüfst, denkst du an *fahren*.

a Suche nach weiteren Wörtern, die mit *fahren* verwandt sind!

***b** Welche Wörter findest du unter dem Stichwort *Dame* im Wörterbuch?

***c** Erstelle die Wortfamilien zu *drohen – reißen – gehen*!

Wörter mit einem gemeinsamen Stammwort kann man zu einer **Wortfamilie** zusammenfassen. Wenn man weiß, wie der Wortstamm geschrieben wird, kann man die Wörter der Wortfamilie auch richtig schreiben.

6 Verlängern, ableiten, zusammensetzen

Beispiel:

	Vorsilbe		Wortstamm		Nachsilbe
Verben:	*weg*	+	***-geh***	+	*-en*
			geh	+	*-en*
Adjektive:	*be*	+	***-geh***	+	*-bar*

a Suche weitere Beispiele zum Wortstamm *-geh-* und schreibe sie ins Heft!

b Suche Verben und Adjektive zu den Wortstämmen *-stell-, -leg-, -steh-*!

c Beispiel:

Nomen		Nomen		Zusammensetzung
Kühl	+	*Schrank*	=	*Kühlschrank*

Wer kann die meisten „Schränke" richtig aufschreiben?

▶ G S. 192, Wortfamilie

Tipps zum richtigen Schreiben von verwandten Wörtern

Verlängern, Ableiten oder Zusammensetzen sind Mittel, die dir helfen, den Wortstamm eines Wortes zu erkennen. Dann kannst du die „Verwandten" in einer Wortfamilie richtig schreiben.
Beim Verlängern, Ableiten oder Zusammensetzen kann es vorkommen, dass der Stammvokal umgelautet wird, das heißt, aus **a** wird **ä**, aus **u** wird **ü** usw.
Beispiel: *Schr**a**nk – Schr**ä**nke*

⋆d In eurem Klassenzimmer gibt es viel zu sehen. Sucht euch einen Gegenstand aus und bildet zusammengesetzte Wörter!
Schreibt Sätze, in denen möglichst viele dieser Wörter vorkommen!

7 In einem Wörterbuch nachschlagen

Stichwort

a: langer und betonter Vokal

Bahn, die: -, -en; sich eine Bahn durch den Schnee schaufeln – Bahn fahren – *freie Bahn haben* (alle Schwierigkeiten beseitigt haben) – *aus der Bahn geworfen werden* (im Leben, im Beruf scheitern) – *auf die schiefe Bahn geraten* (kein ordentliches Leben mehr führen); **bahnbrechend:** eine bahnbrechende (umwälzende, völlig neue) Erfindung; der **Bahnbrecher** (Wegweiser, Vorkämpfer); der **Bahndamm; bahnen:** sich einen Weg bahnen; die **Bahnfahrt;** der **Bahnhof** (Bf., Bhf.); **bahnlagernd;** die **Bahnlinie;** die **Bahnschranke;** die **Bahnstation;** der **Bahnsteig;** der **Bahnwärter**

Bah-re, die: -, -n (Tragegestell für Kranke und Tote); das **Bahrtuch**

Bai *niederl.*, die: -, -en (Meeresbucht)

Ba-jo-nett *franz.*, das: -(e)s, -e (Seitengewehr)

Bak-te-rie *griech. [bakterje], die: -, -n (Seuchenpilz);* ***bakteriell;*** der **Bakteriologe;** die **Bakteriologin**

Ba-lan-ce *franz. [balãse],* die: -, -n (Gleichgewicht, Schwebe); der **Balanceakt; balancieren** (das Gleichgewicht halten): auf dem Seil balancieren; die **Balancierstange**

bald: eher, am ehesten; sehr bald – bis bald! – auf bald! – bald so, bald anders – bald darauf – allzu bald – so bald wie (als) möglich; aber: in **Bälde; baldig:** auf ein baldiges Wiedersehen – etwas baldigst erledigen; **baldmöglichst**

Bal-da-chin *ital.*, der: -s, -e (prunkvoller Traghimmel, Stoffdach)

Bal-dri-an (Bald-ri-an), der: -s, -e (Heilpflanze), die **Baldriantropfen** *Mz.*

Balg, der: -(e)s, Bälge (Fell, Tierhaut)

Balg, der/das: -(e)s, Bälger (unartiges Kind); sich **balgen:** sich mit anderen Kindern balgen (spielerisch raufen); die **Balgerei** (scherzhafte Rauferei)

Bal-kan, der: -s (Gebirge in Südosteuropa); die **Balkanhalbinsel**

Bal-ken, der: -s, -; *lügen, dass sich die Balken biegen* (maßlos lügen); die **Bal-**

ạ: kurzer und betonter Vokal

Fremdwort aus dem Französischen

Trennhilfe

kendecke; die **Balkenüberschrift** (fett gedruckte Zeitungsüberschrift); die **Balkenwaage**

Bal-kon *franz.*, der: -s, -e (oben offener Vorbau); die **Balkonpflanze**

Ball, der: -(e)s, Bälle, auf einen Ball (eine Tanzveranstaltung) gehen – mit dem Ball spielen; aber: das Ballspielen – *am Ball bleiben* (etwas mit Eifer verfolgen); der **Ballabend;** der **Balljunge;** das **Ballkleid;** das **Balllokal;** das **Ballspiel**

Bal-la-de *engl.*, die: -, -n (Erzählgedicht); **balladenhaft; balladesk**

Bal-last, der: -(e)s, -e (schwere Last, Belastung); die **Ballaststoffe** *Mz.*

Bal-len, der: -s, -; der Ballen an der Hand – drei Ballen Stoff; **ballen:** die Faust ballen – die Wolken ballen sich zusammen – eine geballte Ladung; die **Ballung;** das **Ballungsgebiet;** der **Ballungsraum**

bal-lern: in die Luft ballern (knallen, in die Luft schießen); die **Ballerei;** der **Ballermann** (Revolver)

Bal-lett *ital.*, das: -(e)s, -e (Bühnentanz, Tanzgruppe); die **Balletteuse** *[baletöse]*; die **Ballettmusik;** der **Balletttänzer;** die **Balletttänzerin;** die **Balletttruppe**

Bal-lis-tik *griech.*, die: - (Lehre von der Flugbahn geschossener oder geworfener Körper); **ballistisch:** die ballistische Kurve

Bal-lon *franz.*, der: -s, -e (mit Luft oder Gas gefüllter Behälter); der **Ballonfahrer;** der **Ballonreifen**

Bal-sam *hebr.*, der: -s, Balsame (Öl- und Harzgemisch); diese Worte sind Balsam (Linderung, Wohltat) für meine Seele; **balsamieren** (einsalben); die **Balsamierung**

Balz, die: -, -en (Paarungszeit von bestimmten Vögeln); **balzen;** der **Balzruf;** die **Balzzeit**

Bam-bus *malai.*, der: -ses, -se (in den Tropen vorkommendes Riesengras); das **Bambusrohr;** der **Bambusstab**

Bam-mel, der: -s; Bammel (Angst, Furcht) haben

ba-nal *franz.:* (bedeutungslos, alltäglich, fade); **banalisieren;** die **Banalität**

Ba-na-ne *afrik.*, die: -, -n (tropische Pflanze mit Frucht); die **Bananenernte;** die **Bananenschale;** das **Bananensplit** (Eisspeise); der **Bananenstecker** (Elektrostecker)

Band, das: -(e)s, Bänder; Bänder aus Stoff – auf Band (Tonband) sprechen – *am laufenden Band* (in einem fort); die **Bandbreite;** das **Bandeisen;** der/das **Bändel** (schmales Band); der **Bänderriss;** die **Bänderzerrung;** das **Bandmaß;** die **Bandsäge;** die **Bandscheibe;** der **Bandwurm**

Band, das: -(e)s, -e (Fessel, Bindung); das Band der Ehe – außer Rand und Band – in Banden

a *Bahn, Ballen, sich balgen, ballern, Bändel, Ballon …*
Überprüfe die Schreibweise dieser Wörter!

b (du) gehst, (wir) wussten, (er) quälte, (ihr) wollt, (sie) stellten, (es) sank

Unter welchen Stichwörtern musst du diese Wörter nachschlagen? Schreibe sie in eine Tabelle in dein Heft!

Im Text: finite Form	im Wörterbuch: Infinitiv
gehst	*gehen*

8 Alphabet üben

a Eine Karteikarte ist falsch eingeordnet. Wohin gehört sie?

b Warum steht *Engel* nach *Ende* im Wörterbuch?

c Ordne die folgenden Wörter in alphabetischer Reihenfolge!
Tier – leben – Forst – schützen – Pflanze – Haus – dass – Verbot – Käfer – Zug – Förster – Schutz – das – Hund – Katze – lachen – weinen – schlafen

d Jemand aus der Klasse wählt aus dem Wörterbuch ein Stichwort aus und nennt es der Klasse. Wer es am schnellsten gefunden hat, nennt die richtige Seitenzahl und darf das nächste Stichwort auswählen.

9 Ein Wörterheft oder eine Rechtschreibkartei anlegen

ich passe auf	*aufpassen, der Aufpasser, wir passten auf, er passt auf, aufpassen, ich habe aufgepasst*
Abend	*am Abend, abends, Abendrot, Abendessen*
fiel	*fallen, hingefallen, ich fiel hin, er fiel hin, sie sind hingefallen, du fielst hin*

a Wie versucht die Schülerin, sich Wörter, die sie einmal falsch geschrieben hat, einzuprägen?

b Trage die falsch geschriebenen Wörter aus dem letzten Diktat richtig in dein Wörterheft ein!

Tipps zum Merkheft

- Lass dir die Wörter in regelmäßigen Abständen diktieren oder schreibe sie aus dem Gedächtnis auf!
- Hake Wörter ab, die du beherrschst!

Wie ist die Rechtschreibkartei geordnet?
Welche Vorteile hat sie im Vergleich zum Wörterheft?

Tipps zur Rechtschreibkartei

- Schreibe jedes Wort, das dir Schwierigkeiten bereitet, auf eine Karte!
- Unterteile einen Karteikasten in vier Fächer! Alle Wörter stehen zunächst im ersten Fach.
- Wörter, die du richtig schreiben kannst, wandern ins zweite Fach.
- Beginne mit dem Üben im zweiten Fach, sobald das erste geleert ist. Richtige Wörter kommen dann ins dritte Fach usw.
- Kannst du ein Wort aus dem vierten Fach richtig schreiben, wird die Karteikarte abgelegt.
- Expertinnen und Experten legen ihre Rechtschreibkartei mit dem Computer an.

Dehnung

Dehnung ohne Kennzeichnung

1

nun, gibt, malt, mir, nur, Schal, Hose, eben, Motor, Mond, gehoben, stößt, gefroren, Rose, flog, gelesen, rate, ruft, bloß, sagten, tobt, Wagen, Gabel, Fuß, König, Thron, Säge, Vogel, Sofa, wir, Löwe, grüßt, Hase, Hebel, jagst, tötet, böse, Tor, gebetet, brav, Flöte, Bär, Ofen, rot, Tod, Soße, süß, Tüte, wenig, quer, Honig

a Lies die Wörter und achte auf den lang gesprochenen Vokal!

b Ordne die Wörter nach den lang gesprochenen Vokalen und schreibe sie in eine Tabelle!

a/ä	e	i	o/ö	u/ü
malt	*eben*	...	*Hose*	...

c Suche die Nomen heraus! Schreibe sie im Plural auf!

d *malt: malen – ich male, du malst*

Schreibe die 15 Verben aus dem Wortkasten wie im Beispiel auf! Unterstreiche die Wortstämme!

▶ G S. 111 ff., Verben

⋆e Schreibe eine Unsinngeschichte (zehn Zeilen), in der möglichst viele der Wörter vorkommen!
Diktiert und korrigiert euch die Geschichte gegenseitig!

⋆f Wer findet am schnellsten drei Wörter mit einer unbezeichneten Dehnung zu jedem Vokal?

Dehnungs-Kennzeichen h

1

Ich kannte eine kleine ***Kuh****,*
die trug nur einen blauen ***Schuh****.*
Da kam ein frecher ***Floh*** *daher,*
der lachte ***sehr****.*

„Warum trägst du kein Geweih?“,
fragt der ***Floh*** *und grinst dabei.*
„Geh – ich bin doch kein ***Reh****“, schimpfte die* ***Kuh***
und warf nach ihm mit ihrem ***Schuh****.*

a Lies das Gedicht!
Wie werden die fett gedruckten Wörter gesprochen?

b Schreibe sie heraus und setze sie in den Plural !

2

STEHEN – NÄHEN – GEHEN – MÄHEN – LAMPE – WEG – NADEL – DRESCHER

a Bilde aus den Wörtern zusammengesetzte Nomen !

b Schu(h)macher, Nä(h)maschine, mü(h)sam, Frü(h)stück, Zie(h)brunnen, Ste(h)imbiss, Re(h)bock, Flo(h)zirkus

Wenn du nicht weißt, ob diese Wörter mit *h* geschrieben werden, kannst du Probewörter bilden.

Beispiele: *Schu(h)macher?*
Probewort: *Schu**h**e* (mit *h*, denn auf den linken „Nachbarn“, ein betontes, lang gesprochenes *u*, folgt als rechter „Nachbar“ ein kurzer Vokal: *e*. Also wird auch *Schuhmacher* mit *h* geschrieben).
geru(h)sam? Probewort: ***ruh****en*, also: *geruhsam*

3

Bahn, Bohne, Draht, fahren, fehlen, Huhn, Jahr, Gefahr, fuhren, Höhle, lahm, ihr, ihre, Lehrer, Fahrzeug, Gefühl, wahr, wohl, wohnen, Zahn, Wahrheit, Fehler, wahrscheinlich, wahrnehmen, Mehl, gefährlich, Wohnung, Zahl, zählen, Stuhl, fühlen, ohne, mehr, Sohn, Mehrheit, wohnlich, unwahrscheinlich, Uhr, gefährden, Verkehr, bewahren

a Wie werden diese Wörter gesprochen?

b Einige der Wörter gehören zur gleichen Wortfamilie.
Beispiel: *wahr, Wahrheit, …*
Schreibe die anderen „Verwandten" dieser Wortfamilie heraus!

c Welche weiteren Wortfamilien kannst du noch bilden?

▶ R S. 137 f., Wortfamilie

d Schreibe die Nomen aus dem Wörterkasten heraus!

⋆e Schreibe die Verben in der 2. Person Singular!
Beispiel: *zählen – du zählst*

4 Die wichtigsten Verkehrszeichen

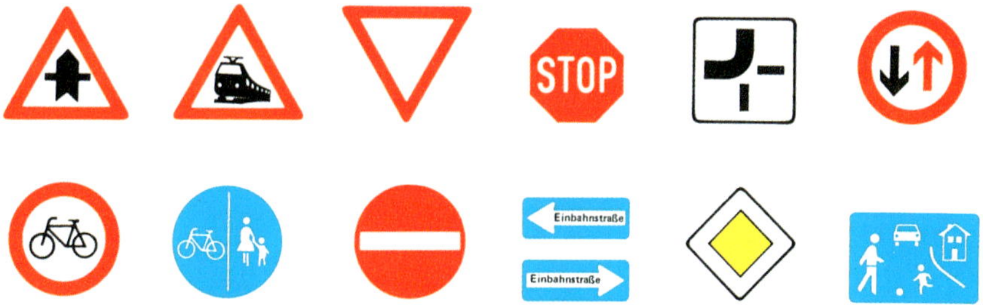

a Schreibe die Bedeutung dieser Zeichen auf und unterstreiche alle Wörter mit dem Dehnungs-Kennzeichen h!

b Wie musst du dich verhalten, wenn du im Straßenverkehr diese Zeichen siehst?

⋆c Schreibe aus dem Text auf Seite 127 (Aufg. 3 und 3b) die Wörter mit dem Dehnungs-Kennzeichen h heraus!

▶ S. 67 f., Gefahrenstellen auf dem Schulweg

5 Der hilfsbereite Bahnhofsvorsteher

Drei sehr vornehm angezogene Herren kamen früh am Morgen zum Bahnhof. Als sie den Bahnsteig betraten, sollte der Zug gerade abfahren. Sie liefen über den Bahnsteig, während der Zug schon anfuhr. Mit großer Mühe gelang es dem Bahnhofsvorsteher, zwei von ihnen noch in den Zug hineinzuschieben. Für den Dritten war es zu spät. Der Zug fuhr ohne ihn ab. Traurig sah er ihn entschwinden.
✶✶ Der Bahnhofsvorsteher bedauerte ihn, schaute auf die Uhr und sagte: „Es tut mir sehr leid, aber Sie kamen zehn Sekunden zu spät und da war nichts mehr zu machen." „Ja", entgegnete der Mann, „aber wie leid wird es wohl erst den anderen tun, dass sie mitfahren. Sie wollten mich nämlich nur zum Zug bringen. Sie wohnen hier."

a Bist du auch schon einmal zu spät gekommen?

b Schreibe aus dem Text alle Wörter mit Dehnungs-h heraus!

c Diktiert und korrigiert euch die Geschichte gegenseitig!

✶**d** Ihr könnt die Szene spielen.

6

drohen, fliehen, ruhen, verzeihen, sehen, gehen, stehen, mähen, nähen

a Schreibt kurze Sätze mit den Personalpronomen *ich, du, ihr*!

b Findet zu jedem Verb möglichst viele Wörter aus der Wortfamilie!

c gesche – blü – flo – Ze – Mü – gescha- → **hen**

Schreibe die Wörter in dein Heft!

Tipps zum Dehnungs-Kennzeichen h

Grundregel: Folgt einem betonten, lang gesprochenem Vokal (Selbstlaut) ein unbetonter, kurz gesprochener Vokal, steht nach dem langen Vokal der Buchstabe h.
Beispiel: *dro**h**en, Flö**h**e*

Fehlt bei einem Wort der kurz gesprochene Vokal und du weißt nicht, ob es mit *h* geschrieben wird, hilft dir ein Probewort.
Beispiel: *frü(h)*?

Ein Probewort findest du, wenn du das Wort mit einer Endung erweiterst.
Beispiel: Probewort zu *frü(h)*: ***früher*** oder *in der* ***Frühe***

Hat das Probewort ein *h*, wird auch das Hauptwort mit h geschrieben: also *frü**h***.

✶ 7 Der Müller, der nicht nachdachte

Ein schwer arbeitender Müller saß noch um Mitternacht auf einem Stuhl in seiner Mühle und dachte über sein hartes Leben nach. Da schlug die Uhr zwölf. Aber außer diesem Geräusch war noch ein anderes zu hören. Es war, als ob sich jemand unter dem Fußboden durchwühlte. Gleichzeitig fühlte er, dass es ganz kühl im Raum wurde. Die ganze Mühle schien in Aufruhr zu sein.

∗∗ Plötzlich aber stand ein eleganter Herr in der Stube und sprach: „Guten Tag, Müller! Was sitzt du da und machst dir Sorgen? Das Leben kann doch auch ganz anders sein. Ich will dir zu Geld und Ruhm verhelfen, wenn du nur mich als deinen Herrn anerkennst. Dafür werde ich dich gebührend belohnen. Du brauchst nur diesen Vertrag zu unterschreiben."

∗∗ Der Müller überlegte nicht lange, er wollte die ganze Qual hinter sich lassen und unterschrieb. Kurze Zeit darauf kam ein gackerndes Huhn in die Stube gelaufen und legte vor seinen erstaunten Augen goldene Eier in eine Getreidekuhle.

∗∗ Von da an war der Müller reich und berühmt. Er fuhr nur noch in einer goldenen Kutsche und führte sich auf wie ein Herrscher über alle anderen. Nach einem langen Leben im Überfluss erschien eines Tages wieder der elegante Fremde. Diesmal versprach er aber nichts Verlockendes, sondern fuhr mit dem Müller in den Höllenpfuhl.

a Wer war der Fremde?

b In dem Märchen kommen siebzehn Wörter mit Dehnungs-Kennzeichen h vor. Schreibe sie heraus.

c Schreibe den Infinitiv der finiten Formen in dein Heft!

✶ 8 Das Erbe

Ein reicher Mann la(h)g im Sterben. Er befa(h)l seine beiden Sö(h)ne zu sich und bemü(h)te sich, sein Hab und Gu(h)t gerecht unter i(h)nen aufzuteilen. Aber er fü(h)lte, dass er damit nur Streit heraufbeschwor. Er ahnte, dass sie bald einander das neiden würden, was i(h)nen zufie(h)l. Das tat dem Vater we(h) und er se(h)nte eine Lö(h)sung herbei, die den Frie(h)den gewä(h)rleisten könnte.

∗∗ So überlegte er qua(h)lvoll hin und her, bis er die richtige Entscheidung gefunden hatte. Er ließ den Notar zu sich ru(h)fen und verfügte sein Testament. „Nach meinem Tod soll mein älterer So(h)n meinen Besitz so teilen, wie ihm dies gerecht erscheint. Dann soll mein jüngerer So(h)n die Hälfte wä(h)len, die er bege(h)rt.“ So entschied der Vater und so gescha(h) es. Beide Brüder sollen später i(h)r Leben lang in Frie(h)den verke(h)rt haben.

Doppelvokal und ie

1

B	O	O	T	S	K	Z	T	H	W	P	L	T	Z	W	X
C	H	R	S	D	Q	L	K	A	M	I	D	E	E	D	S
V	B	E	E	R	E	N	Z	A	L	K	R	D	P	Z	T
D	W	S	X	M	V	K	P	R	T	R	W	A	A	G	E
S	S	E	E	R	P	S	D	F	G	K	L	P	W	R	T
P	B	N	V	X	A	M	Z	O	O	D	A	A	L	P	**S**
T	R	S	T	W	A	L	K	S	R	F	P	T	R	K	**A**
E	L	N	L	K	R	D	W	S	T	A	A	T	H	C	**A**
E	M	A	A	T	S	R	K	M	B	V	C	N	H	L	**L**

a Im Buchstabenkasten sind 13 Wörter mit Doppelvokal versteckt. Schreibe sie in dein Heft und unterstreiche jeweils den Doppelvokal!

***b** ee – aa – oo

Die Vögel fressen gerne B__ren.
Der M__t ist ein Unteroffizier bei der Marine.
Löwen sieht man im Z__.
Die Loreley kämmt ihr goldenes H__r.
Das l__re B__t dümpelte auf dem S__.

Schreibe ab und setze den richtigen Doppelvokal ein!

2

sp Sp sch g l L R ben
Fl fl gen
W w *ie* len
z Z ge be ßen gel se der

a Schreibe die Wörter mit *ie* heraus!

b Überlegt in Partnerarbeit, welche Wortfamilien ihr mit den Wörtern bilden könnt!
Schreibt Wörter aus den Wortfamilien auf!

▶ **R** S. 137 f., Wortfamilie

3 Der Wolf und das Schaf

Der Durst trieb ein Schaf an den Fluss. Auf der anderen Seite lief ein Wolf hinzu. Durch das breite und tiefe Wasser sicher gemacht rief das Schaf dem räuberischen Tier hinüber: „Ei, wie geht es dir, Herr Wolf? Sieh mich recht an! Habe ich dir nicht erst vor sieben Wochen zum Abschied nachgeschimpft? Womit kann ich heute dienen und was haben Sie zu bieten?“ Der Wolf verstand die Spötterei. Er betrachtete die Breite des Flusses und knirschte mit den Zähnen. „Es ist dein Glück“, schrie er zurück, „dass wir Wölfe euch so lieben und nicht gleich die Geduld verlieren“, und ging mit stolzen Schritten wieder weiter.

a Warum macht sich das Schaf über den Wolf lustig?

b Schreibe alle Wörter mit *ie* heraus!

c

lassen:	ich ließ,	wir ließen
fallen:	ich ?,	wir ?
rufen:	ich ?,	wir ?
laufen:	ich ?,	wir ?
schreien:	ich ?,	wir ?

Schreibe ab und ergänze!

4

(1) Nach dem Regen ___ mein Mantel vor Nässe.
(2) Nils, ___ du bitte das Fahrrad aus dem Schuppen?
(3) Herr Wusel ___ das Ferienhaus für drei Wochen.
(4) Der Konditor ___ die Torte mit Schokostreuseln.
(5) Meine Schwester ___ gerne Abenteuergeschichten.

mieten – lesen – triefen – verzieren – schieben

Schreibe die Sätze in dein Heft und setze das passende Verb in der richtigen Form ein!

Schärfung

Doppelkonsonanten

1

Ofen – offen; schief – Schiff; ihnen – innen; den – denn; stehlen – stellen

a Lies alle Wortpaare laut und deutlich vor!
Wo hörst du kurze Vokale ?

b Wie erkennst du an der Schreibweise,
dass die Vokale kurz gesprochen werden?

c Formuliert eine Regel über die
Verdoppelung von Konsonanten !

2 Die Spinne und die Fliege

Eine fette Spinne hatte in der Ecke eines Zimmers ihr Netz gespannt, um Fliegen zu fangen. Immer wenn sich eine Fliege verfangen hatte, krabbelte sie schnell hervor und spann sie ein. Dann schnappte sie das eingesponnene Tier, denn sie wollte andere umherschwirrende Mücken nicht warnen.

∗∗ Eines Mittags summte eine Fliege so lange um die Falle herum, bis endlich die Spinne hervorkroch und zu der Fliege sprach: „Komm, willst du dich nicht ein bisschen bei mir ausruhen?“ Die vorsichtige Fliege aber antwortete: „Ich setze mich nur an Stellen, an denen schon andere Fliegen sitzen.“ Dann surrte sie weiter, bis sie an eine Stelle kam, an der bereits viele saßen.

∗∗ Eine Biene warnte sie: „Das ist ein Fliegenfänger und alle deine Genossinnen sind rettungslos verloren.“ „Red keinen Unsinn, sie tanzen doch!“, spottete die Fliege. Ihren schlimmen Irrtum merkte sie erst, als sie hoffnungslos auf dem Leim zappelte und alles Jammern nichts mehr nützte.

Und die Lehre: Der Augenschein kann trügen und zu große Selbstsicherheit hat schon viele ins Unglück gestürzt.

a Schreibe alle Wörter mit Doppelkonsonanten in dein Heft! Ordne sie nach Wörtern mit *bb – ff – ll – mm – nn – pp – rr – ss – tt* !

b Setze die Verben in den Infinitiv !

3 Wer kann am besten reimen?

Beispiel: *ballen – fallen – knallen – krallen – lallen – Quallen – prallen – wallen*

bellen …? – billig …? – trollen …? – gaffen …? – hemmen …? – Himmel …? – Hummer …? – Kasse …? – klirren …? – knurren …? – nennen …? – retten …?

★4

Klä er

Wir reiten in die Kreuz und Que
nach Freuden und Geschäften;
doch i er klä t es hinterhe
und be t aus a en Kräften.

So wi der Spitz aus unserm Sta
uns i erfort begleiten.
Und seines Be ens lauter Scha
beweist nur, da wir reiten.

Johann Wolfgang von Goethe

a In diesem Gedicht fehlen Konsonanten ! Schreibe es vollständig in dein Heft!

★b Wer schreibt dieses Gedicht am schnellsten am PC, ohne dabei Fehler zu machen? Für jeden Fehler gibt es 10 Strafsekunden.

Konsonantenhäufung

1 Der vergessene Schirm

Ein Professor kam eines Tages im Regen ohne Schirm nach Hause. Seine Frau (merken) es sofort und murrend (müssen) der tropfnasse Mann wieder aus dem Haus. Er (sollen) den vergessenen Schirm suchen.
In den ersten beiden Geschäften (schütteln) die Verkäuferinnen die Köpfe. Auch im dritten Laden (können) man ihm nicht helfen. Im vierten (erkennen) er sofort seinen Schirm.
Er (bedanken) sich herzlich: „Ich danke Ihnen sehr, denn Sie sind ehrlich und nett, deshalb komme ich bestimmt wieder in Ihr Geschäft. Keine Ihrer Kolleginnen in all den Läden vorher (wollen) etwas von meinem Schirm wissen. Überall hat man mich abgewiesen, obwohl ich ihn genau beschreiben (können)."

a Schreibe den Text ab, setze dabei die Verben im Präteritum ein!

b Unterstreiche alle Verben, die zwei oder mehr unterschiedliche Konsonanten nach einem kurzen Vokal enthalten!

2 Du summst – sie summt; du fällst – er fällt; du stellst – sie stellt

a Schreibe den Infinitiv und die 1. Person Singular auf! Unterstreiche den Wortstamm!
Beispiel: *summen, ich summe …*

b **hoffen, kennen, nennen, herrschen, sollen, trennen, schwimmen, rennen, kommen, tappen, zerren, wippen, gewinnen, erklimmen, einfüllen, wollen, rollen**

Suche dir fünf Verben aus, schreibe sie in der 2. und 3. Person Singular auf und unterstreiche den Wortstamm!

▶ G S. 113, 189, Verb, Personalform

✶ 3 Partnerdiktat: Ich stand auf dem Mount Everest

Draußen herrschte tiefe Stille, als sich der Sauerstoff langsam erschöpfte. Um vier Uhr raffte ich mich auf, ruckte Arme und Schultern aus dem Schlafsack und knüpfte die Zelttür auf, die bretthart gefroren war.

∗∗ Doch endlich gaben die Bänder nach und ich konnte die Klappe beiseite schieben. Ich blickte in eine harte und kalte, aber unglaublich schöne Welt. Schon färbte das Frühlicht den Himmel und ich erkannte die Runde eisiger Gipfel.

▶ R S. 136, Tipps zum Partnerdiktat

k und ck, z und tz

1 Im Deutschen wird statt *kk* ***ck***, statt *zz* ***tz*** geschrieben.

backen: *der Bäcker, die Bäckerei, der Backofen, das Gebäck, Zwieback*
hetzen: *die Hetze, gehetzt, Hetzjagd*
decken, drucken, glücken, die Glocke, hacken, nicken, packen, rücken, schmücken, stecken, wecken, spucken, erschrecken
schwitzen, Mütze, sitzen, Verletzung, besitzen, flitzen, glitzern, Fratze, Netz, Pfütze, Platz, schnitzen, Schutz, Trotz, Witz

a Schreibe die Wörter in dein Heft und unterstreiche die kurzen Vokale !

b Suche verwandte Wörter und schreibe die Wortfamilien in dein Heft!

∗c Trenne die Wörter, bei denen es möglich ist!

2 Wörterliste

ackern	flicken	bücken	decken
sticken	knacken	locken	meckern
necken	gackern	pflücken	picken
schicken	schlucken	Hacke	Strick
stricken	ticken	trocknen	schwätzen
Schmutz	Spatz	spitzen	spitz
zuletzt	wetzen	platzen	plötzlich

Suche zu den Wörtern „Verwandte“ und schreibe lustige Sätze!

3 Der Buchstabe *k* nach langem Vokal

der Haken, der Kinnhaken, das Laken, das Bettlaken, die Luke, quaken, spuken, der Spuk, der Makler, der Ekel, räkeln

Im Deutschen gibt es nur wenige Wörter mit *k*-Laut nach langem Vokal.

Verwende die Wörter in Sätzen und schreibe diese in dein Heft!

✶ 4 Ein mä_licher Briefmar_

Ein mä_licher Briefmar_ erlebte
was Schönes, bevor er klebte.
Er war von einer Prinze_in bele_t.
Da war die Liebe in ihm erwe_t.

Er wo_te sie wiederkü_en,
da hat sie verreisen mü_en.
So liebte er sie vergebens.
Das ist die Tragi_ des Lebens!

a Setze die folgenden Konsonanten richtig ein: *k, nn, ss, ck, ll*!

b Der Briefmark – die Briefmarke

Sucht zu jeder männlichen Form der folgenden Wörter die entsprechende weibliche. Je weiter hergeholt die Lösung ist, desto besser. Erklärt das Wortspiel auch euren Lehrerinnen und Lehrern. Ob sie euch helfen können?

Beispiel: *der Apfel – die Apfelsine*
der Sohn – die Sonate

der Mandarin; der Turban; der Kohl; der Pass; der Mantel; der Sultan; der Teer

s-Laute

Du hast beim Schreiben sicherlich schon überlegt: Wird jetzt *s, ss* oder *ß* geschrieben? Und du hast bestimmt auch schon die s-Laute durcheinandergebracht. Ich will dir helfen, dass du in Zukunft besser mit den s-Lauten zurechtkommst.

Wörter mit s

1 Kurze Wörter mit s

meist, los, fast, deshalb, du hast, du bist, bis, als, ins, was, uns, nichts, des, etwas, aus, es, ans

a Schreibe die Wörter alphabetisch geordnet in dein Heft!

∗b Am PC kann man per „Mausklick“ sortieren. Wer kann es vorführen?

2 Mit einer Wörterliste üben

blasen – brausen – grasen – lesen – rasen – reisen – lösen – speisen – sausen

a Schreibe zu jedem Verb die 2. Person Singular auf!
Beispiel: *blasen – du bläst*

b Verwende die Verben in Sätzen mit *ist* oder *hat*!
Beispiel: *Der Wind hat stark geblasen.*

▶ G S. 115, Perfekt

c Schreibe möglichst viele Verwandte aus der Wortfamilie auf!
Beispiel: *blasen – die Blase – die Gasblase – aufgeblasen …*

d Diktiert euch die Wörter der Wortliste oder eure Ergebnisse aus den Aufgaben a–c als Partnerdiktat!

✶3 Partnerdiktat

Der Sturm bricht los. Abends braust er ums Haus und zaust die Äste des alten Baums. Er tost und rast. Wir sitzen im Zimmer. Vater liest, Mutter löst ein Rätsel. Nichts ist gemütlicher als dieses Zimmer.
∗∗ Das Reisig knistert im Kamin, die Katze döst auf dem Sofa. Sonst will sie immer schmusen, heute kann ich ruhig lesen: die Geschichte von dem bösen Geist, der auf dem Felsen einer Insel haust und dort sein Unwesen treibt.

▶ R S. 136, Tipps zum Partnerdiktat

Wörter mit ss

1

fressen	müssen	hassen
▢essen	▢üssen	▢assen
▢essen		▢assen
▢essen		▢assen

a Schreibe die Wörterkästen ab und ergänze die Reime!

b Lies die Reimwörter laut vor und achte auf die Länge der Vokale vor dem *ss*!
Wie werden die Vokale betont?

c Formuliert in Partnerarbeit eine Regel für die Schreibung von *ss*!

d *Das neue Kleid passt. – Der Hund frisst das Futter. – Bello, friss!*

Schreibe ähnliche Sätze mit den Verben aus den Wörterkästen!

e Ergänzt die Regel zur Schreibung von *ss*!

2 Vom Plural in den Singular

Risse – Flüsse – Nüsse – Pässe – Küsse – Schlösser – Fässer – Bisse

a Lies die Wörter laut und deutlich! Schreibe sie dann im Singular auf!
Beispiel: *die Nüsse – die Nuss*

b Schreibe mit den folgenden Wörtern und den Singularformen von Aufgabe a Zusammensetzungen!
Baum – Bild – Ufer – Bier – Wunde – Turm – Mund – fest
Beispiel: *Riss + fest = rissfest*

Nach kurzem, betontem Vokal steht meist **ss**.
Beispiele: ***essen – Fluss – Nussbaum***
Bei der Beugung bleibt **ss** erhalten.
Beispiele: ***Nuss – Nüsse; essen – er isst – er hat gegessen***

3 Spinat

Zuerst habe ich Spinat immer (hassen), vor allem wenn ich beim Essen nicht (aufpassen) und mich voll gekleckert habe. Aber ob ich wollte oder nicht, ich (müssen) ihn dann doch (essen).
∗∗ Oft habe ich das als Strafe für mich (auffassen). Aber meine Eltern sagten mir, ich (müssen) die Vitamine im Gemüse (essen). Und so habe ich ihn mir halt doch (reinpressen). Heute mag ich ihn recht gerne.

Schreibe den Text in dein Heft und setze dabei die Verben in Klammern in ihrer richtigen Form ein!

∗ 4 Ein Märchen ohne Schlu_

Im Winter mu_te ein armer Junge in den Wald und Holz holen. Es war na_ und kalt, und weil er so durchnä_t und bla_ vor Kälte war, entschlo_ er sich, ein Feuer zu machen und sich wärmen zu la_en.
∗∗ Am Flu_ufer scharrte er den Schnee weg und fand dabei einen Schlü_el. Nun glaubte er, es mü_te auch das Schlo_ dazu da sein, und so fand er ein eisernes Kästchen. „Ob der Schlü_el wohl pa_t?“, wollte er wi_en, „es sind gewi_ kostbare Dinge darin!“
∗∗ Und er pa_te tatsächlich. Da drehte er einmal herum und nun mü_en wir ein bi_chen warten, bis er vollends aufgeschlo_en hat. Dann werden wir erfahren, was in dem Kästchen lag, und den Schlu_ des Märchens kennen.

nach den Brüdern Grimm

Schreibt das Märchen ab und setzt die richtigen s-Laute ein! Korrigiert gegenseitig eure Texte!
Das Märchen eignet sich auch als Partnerdiktat (∗∗).

das und dass

1 **Das** Computerspiel, **das** mir dein Bruder geliehen hat, finde ich ganz toll. Glaubst du, **dass** ich es noch ein paar Tage behalten kann? Ich möchte, **dass** Erkan **das** Spiel auch einmal probiert.

a Lies dir den Text halblaut vor! Achte dabei auf die Aussprache der markierten Wörter! Welche werden kurz, welche lang gesprochen?

b Schreibe den Text ab und ersetze beim Schreiben **das** durch *dieses* oder *welches*! Versuche es auch mit **dass**!

c Findet in Partnerarbeit eine Regel für die Schreibung von *das* und *dass*!

2 Da__ Schulfest ist vorbei. Da__ Fest, da__ die SMV veranstaltete, hat uns allen sehr gefallen. Aber da__ hatte man schon bei den Vorbereitungen erkennen können. Da__ Plakat, da__ im Schulhaus und in der Umgebung aushing, war bei den Leuten gut angekommen. Ich glaube, da__ hat mit dazu beigetragen, viele Besucher anzulocken.

a Schreibe den Text in dein Heft! Vergleiche mit deinem Nachbarn/deiner Nachbarin und begründet mithilfe der Tipps die Schreibung!

Tipps zur Schreibung von *das*

- ***das*** ist ein Artikel oder Demonstrativpronomen (hinweisendes Fürwort): Du kannst es durch ***dieses*** oder ***dies*** ersetzen!
- ***das*** leitet einen Nebensatz ein: Du kannst es durch ***welches*** ersetzen!

Beispiel:

Das	*ist*	***das***	*Fahrrad,*	***das*** *mir gehört.*
↓		↓		↓
Demonstrativpronomen		Artikel		Relativpronomen, das den Nebensatz einleitet

▶ G S. 126 ff., Haupt- und Nebensatz

b

Tipps zur Schreibung von *dass*

Neben dem *das* gibt es noch ***dass***. Dieses ***dass*** kannst du nicht durch **dieses** oder **welches** ersetzen. Das ***a*** in *dass* wird kurz gesprochen.
Vor diesem ***dass*** steht meistens ein Komma.
Beispiel:
Ich habe gehört, **dass** *du krank warst. Ich hoffe,* **dass** *es dir jetzt wieder besser geht.*

Bilde *dass*-Sätze mit folgenden Verben:
sehen, finden, glauben, wissen, sagen, sich freuen, meinen, fühlen, hören!
Unterstreiche jeweils das *dass*!
Beispiel: *Ich sehe, <u>dass</u> dein Computer wieder funktioniert.*

3 **Hauptsatzkiste** **Nebensatzkiste**

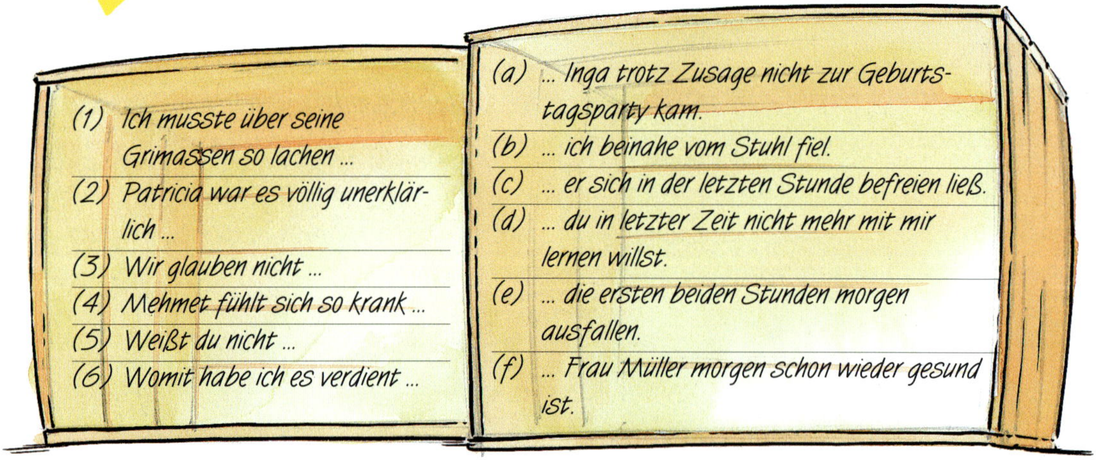

Bilde Sätze, indem du jeweils einen Satz aus der Hauptsatzkiste mit einem aus der Kiste der Nebensätze und *dass* richtig kombinierst! Auch die Satzzeichen musst du ergänzen.

▶ **R** S. 126 ff., Haupt- und Nebensatz

✶ 4 Aus Schülerarbeiten

Jch habe geglaubt das du kommst. Sz, R

Mein Vater hat gesagt das du ein guter Sportler bist. Sz, R

Wir meinen das wir auch ohne Alkohol toll feiern können. Sz, R

Jch hoffe dass du doch noch kommst. Sz

Gerd wusste das er das Tor trifft. Sz, R

Jch finde dass du besser aufpassen solltest. Sz

Glaubst du auch das ich eine Eins schreiben werde? Sz, R

a Verbessert die Sätze aus Schülerarbeiten!

b Jeder kennt das Problem, ___ für unsere Zeit so wichtig geworden ist. Das Autowrack, ___ an der Böschung verrostet, führt es uns genauso deutlich vor Augen wie ___ kleine, eklige Kaugummipflaster, ___ auf dem Schultisch klebt, oder das Papier, ___ überall vom Winde verweht wird. Jedes einzelne Mitglied unserer Gesellschaft, ___ etwas wegwirft, meint vielleicht, ___ ___ nicht so schlimm sei. ___ der Schaden aber jährlich schon über eine Milliarde Euro beträgt, ___ wissen nur wenige. Deshalb sorgt dafür, ___ die Natur sauber bleibt! Umweltverschmutzung ist ein Problem, ___ uns alle angeht.

Schreibe ab und setze *dass* oder *das* ein!

Wörter mit ß

1 Den richtigen Weg zum richtigen Wort finden

Kl-, Fl-, Gr-, Str-, Sp-, bl-, h-, F-, s-, Gef-, gr-, M-, St-, fr-, Sch-, w-

a ä o ö u ü ei ie au

ß

a Schreibt möglichst viele Wörter ins Heft!
Beispiel: *Kl + o + ß = Kloß*

b Setzt die Nomen in den Plural !

c Lest die Wörter laut! Welchen Unterschied zu *müssen, küssen* könnt ihr feststellen?

2 Reimwörter

grüßen, b ___ , s ___
heißen, r ___ , b ___
schließen, fl ___ , g ___ , spr ___ , gen ___ , sch ___

a Ergänze die Reimwörter in deinem Heft!
Wie werden sie gesprochen?

b Schreibe von den Verben die 2. Person Singular !
Beispiel: *grüßen – du grüßt*

c Diese Wörter schreiben Schüler/innen häufig falsch:
bloß, außer, draußen, er aß, er fraß, größer, ich weiß, du weißt
Schreibe sie in dein Wörterheft!

***d** Schreibe mit den Wörtern aus den Aufgaben 1 und 2 lustige Sätze, in denen möglichst viele Wörter mit ß vorkommen!

Nach langem, betontem Vokal und nach *au, ei, ie* schreibt man **ß**. Beispiele: *Fuß, Füße, außen, heiß, Spieß*

► R S. 143 ff., Dehnung

Gleich und ähnlich klingende Laute

d und t

1 Abend – Ader – Bad – band – binden – danken – Daumen – dein – dicht – Dienstag – Dorf – dort – Dotter – drohen – drücken – Duft – Dunst – Durst – Erde – Faden – finden – Geduld – Geld – gesund – Gold – Kleid – Laden – Land – Leder – Lied – Mode – Mulde – Nadel – Pfad – Rad – Rand – Sand – schaden – Schmied – sondern – Spindel – Strand – Stunde – tausend – Tod – tödlich – Wald – Wand – Wind – Wunder – zufrieden

a Schreibe die Wörter, einige auch mehrmals, nach folgender Tabelle in dein Heft!

d/D am Wortanfang	*d in der Wortmitte*	*d am Wortende*
…	…	…

b Verlängere die Wörter mit *d* am Wortende, wenn sie sich dafür eignen! Beispiel: *der Abend – die Abende; band – banden*

2 Wem gehört die Gans?

Der Hund eines Kaufmannes hatte die Gans einer geizigen Bäuerin totgebissen. Die Bäuerin tat sehr traurig, weil sie recht viel Geld für das Tier haben wollte. Der Kaufmann entschuldigte sich und bot ihr zwei Taler für die tote Gans an. Er wollte den Streit schnell beenden, da er wegen eines Geschäftes dringend weitermusste.

∗∗ Die Bäuerin bestand aber auf vier Talern. Der Kaufmann bat sie, mit drei Talern zufrieden zu sein und die Gans könne sie auch behalten. Die Bäuerin dachte: „Vier Taler und die Gans, die eigentlich nur zwei Taler wert ist, bekomme ich schon.“ Deshalb lehnte sie das Angebot ab.

∗∗ Dem Kaufmann riss die Geduld und er ging mit ihr zum Richter. Diesem klagte sie laut ihr Leid. Der Richter tat so, als ob er gründlich überlegte, und gab dann folgende Antwort: „Ihr, Bäuerin, seid erbost, da der Kaufmann nicht vier Taler bezahlen will.

∗∗ Ihr dagegen wollt nur drei bezahlen, was ein redlicher Preis ist, und bietet dazu die tote Gans an. Seit einer Stunde habt ihr euch ohne

Einigung gestritten. Ich habe deshalb für euch entschieden, indem ich der Bäuerin noch einen Taler zahle und dafür die Gans nehme. Dann müsstet ihr beide endlich zufrieden sein.“ So entschied der kluge Richter und ließ sich das Gänslein schmecken.

a Schreibe alle Wörter heraus, die ein *t/T* am Wortanfang, ein *t* im Wortinnern oder am Wortende haben! Ordne sie in einer Tabelle! Manche Wörter kannst du mehrmals aufschreiben.

b Diktiert euch Abschnitte aus der Geschichte als Partnerdiktat!

3

der Rat	– die Räte	die Nacht	–
das Zelt	–	die Flut	–
die Haut	–	die Gestalt	–
die Welt	–	der Hut	–
die Fahrt	–	der Gurt	–
die Tat	–		

Schreibe ab und ergänze!
Kennzeichne jeweils den Wortstamm des verlängerten Wortes!

▶ **R** S. 138 f., Verlängern, Ableiten

4 d und t beim Verb

sie rennt	*rennend*
er liest	*lesend*
er sitzt	*?*
er steht	*?*
sie kommt	*?*
er erzählt	*?*
sie fällt	*?*
es fließt	*?*
er lacht	*?*
sie sucht	*?*

a Schreibe ab und ergänze!

b Bilde Sätze, in denen diese Wörter vorkommen!

▶ **G** S. 113, Finite Formen

f – pf – v

1 Wörterbuch-Rennen

-ütze, -olgen, -orelle, -errückt, -rieren, -itamine, -ifferling, -assen, -ehler, -ühlen, -ertig, -ür, -laumenkuchen, -erd, -ennig, -ostenschuss, -iel, -ielleicht, -ier, -orn, -orsicht, -rech, -orher, -entilator, -ingsten, -ast, -ormittag

Die Anfangsbuchstaben der Wörter (F/f, Pf/pf oder V/v) fehlen. Setze sie ein und überprüfe die Schreibweise im Wörterbuch!

2 Eine fantastische Geschichte

In vergangenen Zeiten sprachen die Tiere wie wir. Das Vieh und die Vögel verstanden einander. Sie bildeten ein großes Volk, dessen König der Löwe war. Der stolzierte vollkommen eingebildet herum und triumphierte. Jeden fragte er drohend: „Wer ist der König der Tiere?“ Alle antworteten dann: „Du.“

∗∗ Als sogar Vetter Tiger verdutzt die richtige Antwort gegeben hatte, wagte es der Löwe, zum Elefanten zu gehen. Er stellte sich drohend vor ihn hin und brüllte: „Wer ist der König der Tiere?“ Der Elefant umschlang den Löwen wortlos mit seinem Rüssel und warf ihn gegen einen Baum. Da schlich der Löwe völlig fertig davon und maulte: „Man wird ja wohl noch fragen dürfen!“ Seine Herrschaft war mit diesem Tage vorbei.

a Schreibt den Text im Partnerdiktat! Unterstreicht alle Buchstaben *v/V*!

b Sucht Verben, die mit den Vorsilben *ver-* und *vor-* gebildet werden können!
Beispiele: *vergehen, vorgehen*

✶ 3 Darüber wundert sich das „V“

Obwohl ich immer als ‚V‘ vor dir steh,
bin ich manchmal ein ‚F‘ und manchmal ein ‚W‘.
Im Klavier und im Jagdrevier
wird ein ‚W‘ aus mir.
Du siehst mich als ‚V‘, doch wie sagst du dann?
*W*illa, *W*ase und Pa*w*ian.

Nur aus dem Vollmond, das wäre zum Lachen,
dürftest du keinen *W*ollmond machen,
aus dem Veilchen kein *W*eilchen,
aus dem Vetter kein *W*etter.
Ich bin manchmal ein ‚F' und manchmal ein ‚W',
obwohl ich immer als ‚V' vor dir steh!

a Welche rechtschriftliche Schwierigkeit wird hier lustig erklärt?

b Bekannte Fremdwörter
Advent – Evangelium – Klavier – Kurve – November – Proviant – Pullover

Überprüfe die Aussprache! Bei Zweifelsfällen schlage im Wörterbuch nach! Dort wird die richtige Aussprache angegeben.

▶ R S. 171 f., Fremdwörter

c Weihnachten und ▢, Violine und ▢, Oktober und ▢, Kirche und ▢, Getränke und ▢, Gerade und ▢, Hemd und ▢.
Suche die passenden Wörter aus Aufgabe b und schreibe alles in dein Heft!

d Welche Reimwörter passen? Übertrage alles in dein Heft!
Pater und ▢, Wetter und ▢, toll und ▢, Tier und ▢, Knie und ▢, ein Teilchen und ein ▢

äu und eu

1

Haus
häuslich
?

Raum
geräumig
?

a Suche verwandte Wörter mit dem gleichen Wortstamm, die beim Ableiten den Doppellaut *äu* bilden!

b Bauch – Baum – Braut – laut – Faust – Gaul – Haut – Kraut – Laus – Maus – Rauch – sauber – Schaum – Schlauch – Strauch – Strauß – Tausch – Traum – Zaun

Schreibe die unterstrichenen Wörter im Plural auf!

Schreibe zu den anderen Wörtern Verben mit *äu* auf!

✶c außen – Bauer – faul – Frau – Haufen – Kauf – Raub – sauer – saugen – grau

Von diesen Wörtern könnt ihr die unterschiedlichsten „Verwandten“ mit *äu* ableiten und eine kleine „Unsinngeschichte“ schreiben.

2 Abenteuer, Beute, treu, Zeug, meutern, Schleuse, neu, scheuern, Scheusal, streuen, deutlich, Freude, Ungeheuer, feuern, schleudern, leuchten, scheußlich

Suche zu den Wörtern verwandte Wörter mit *eu*!
Beispiel: *treu → Treue, getreu, treulos …*

✶3

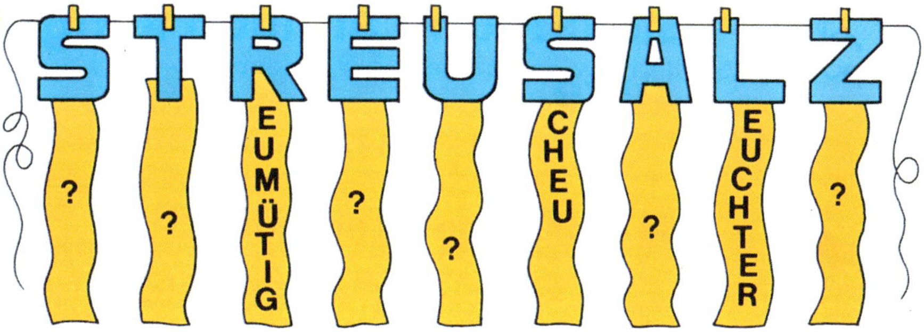

Suche zu jedem Anfangsbuchstaben ein Wort mit *eu*!

4 Das Glöcklein

Kleines Glöcklein! Du hängst oben im Kirchturm und l_test h_fig. D_n L_ten l_tert die L_te. Schiller hat ber_ts mehr lang als br_t über dich ger_mt. Aber _ch du, kl_ne Glocke am h_slichen Wecker, erfr_st uns täglich und bist uns lieb und t_er. Jeden Morgen weckst du uns und versch_chst den Schlaf, damit wir schl_nigst zu unserer geliebten Arb_t_len dürfen.
Nur dich, die du k_nen L_t von dir gibst, o Käseglocke, hat noch k_n Dichter besungen; denn du stehst in schlechtem Geruch.

Schreibe den Text ab und setze die passenden Doppelvokale *au, äu, eu* oder *ei* ein!

Großschreibung: Grundregeln

1 Wer bietet ihm ein Zuhause?

Muss „Rocky" wieder in ein Tierheim?

Sein Herrchen ist gestorben und nun ist Rocky allein. Er ist sechs Jahre alt und dankbar, wenn eine liebe Hand ihn streichelt. Rocky ist an den Umgang mit einem Kind nicht gewöhnt. Beim Spaziergang ist er jedoch ein ausdauernder Begleiter.
Der mittelgroße Rüde ist jetzt bei einer Tierschützerin untergebracht. Sollte sich niemand finden, der den Hund bei sich aufnehmen möchte, muss er wieder ins Tierheim. Wer mag Rocky vor dem Tierheim bewahren?

a Welche Wörter sind in dem Text großgeschrieben? Warum?

b

Großgeschrieben werden

- das **erste Wort eines Satzes** oder einer **wörtlichen Rede**
  Beispiel: *Wir riefen: „**M**orgen sehen wir uns wieder."*
- **Nomen**, die man daran erkennt, dass ein Artikel davorsteht oder davorstehen kann.
  Beispiele: *das (ein) **H**aus, sein (der) **L**ehrer;*
  *das **R**ufen, sein (das) **L**achen, mit dem **S**pielen* (Nomen aus Verben);
  *am (an dem) **S**portplatz* (versteckter Artikel)
  Zwischen Artikel und Nomen können auch andere Wörter stehen. Beispiel: *ein neues Zuhause*
- **Eigennamen**
  Beispiele: ***S**onja **M**üller*

▶ S. 97 f., Höflichkeitsanrede

Ordne die Nomen den Regeln zu!
Schreibe sie ähnlich der folgenden Tabelle in dein Heft!

Eigennamen	*Nomen mit Artikel*	*Nomen mit „verstecktem" Artikel*	*Nomen ohne Artikel*
?	?	?	?

2 Einige Grundregeln der Hundepflege

Jedes Mal, wenn ein Hund von draußen in die Wohnung kommt, solltest du seine Pfoten einer intensiven Säuberung unterziehen. Es geht nicht darum, dass er dein Eigentum beschmutzt. Denk aber einmal daran, wie zum Beispiel das Streusalz, das im Winter Verwendung findet, an den Hundepfoten „beißt". Auch soll dein Hund möglichst täglich gekämmt und gebürstet werden, denn Sauberkeit und richtige Ernährung sind die besten Voraussetzungen für seine Gesundheit. Du siehst, richtige Hundepflege ist keine Kleinigkeit. Sie erfordert einige Kenntnisse. Vielleicht hat in der Nachbarschaft schon jemand einen Hund und kann dir weitere Ratschläge geben. Dein Hund wird dir die liebevolle Beschäftigung mit ihm durch seine Anhänglichkeit, Freundschaft, Gutmütigkeit und Dankbarkeit lohnen.

a Schreibe aus dem Text alle Nomen mit Nachsilben heraus!
Beispiele: *Wohn**ung***, *Sauber**keit***, *... **tum***, *...**schaft***, *...**nis***, *...**heit***

b Findet in Partnerarbeit weitere Nomen mit verschiedenen Endungen!

✶3 Immer Ärger mit den Nachsilben

ALTERHEIT	EWIGTUM	EIGENKEIT
HINDERSCHAFT	NAHRNIS	FREUNDUNG

a Ordne die Nachsilben richtig zu und schreibe die Nomen dann ab! Ordne jedem Nomen einen Artikel zu!

b Findest du das Wort, zu dem drei verschiedene Nachsilben passen?

-heit, -keit, -ung, -nis, -tum, -schaft sind Nachsilben, an denen du Nomen leicht erkennen kannst.

4 Rätsel

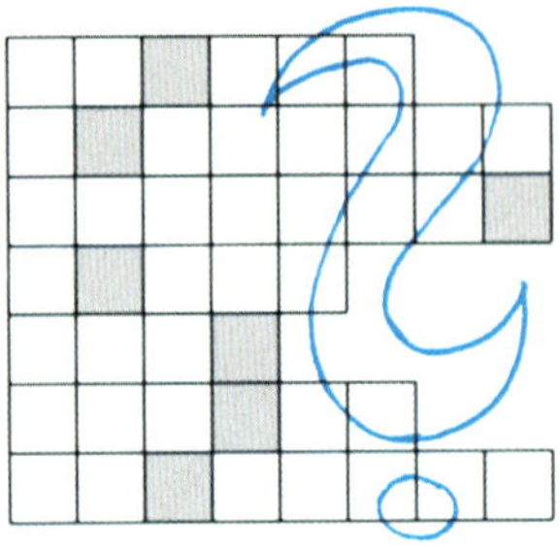

- feste Gruppe von Schülern
- zwei aufeinanderstoßende Straßen
- Nomen zu „stur“
- mit Gras bewachsene Fläche
- Sitzmöbel für mehrere Personen
- Fotoapparat
- Nomen zu „erleben“

Die Buchstaben in den grauen Kästchen nennen als Lösungswort das Haupterkennungsmerkmal für Nomen.

Schreibe die Nomen mit Artikel im Singular und im Plural auf!

5 Münchhausens Ritt auf der Kanonenkugel

Auf einem Feldzug belagerten wir eine türkische Stadt. Ich wollte wissen, wie es in der riesigen Festung aussah. Aber es war nach meinen Erfahrungen unmöglich, durch all die Vorposten, Gräben und Reiter hineinzukommen. Mutig stellte ich mich neben die größte Kanone, die in die Stadt hineinschoss. Als wieder abgefeuert wurde, sprang ich schnell auf die herauszischende Kugel. Ich wollte auf der Kugel zur Festung gelangen.
Während des sausenden Fluges wuchsen allerdings meine Sorgen. Hinein kommst du leicht, dachte ich, aber wie kommst du wieder heraus? Im richtigen Augenblick flog mir geradewegs eine feindliche Kanonenkugel entgegen. Das war die Gelegenheit umzukehren.

Erich Kästner

Schreibe aus dem Text die Nomen heraus, bei denen der Artikel fehlt oder sich versteckt hat.

Beispiele:

fehlender, mündlich ergänzbarer Artikel	versteckter Artikel	Artikel … Nomen
(der) Ritt	zur (zu der) Festung	eine türkische Stadt

Fremdwörter aus dem Englischen verstehen und richtig anwenden

1

SONJA: „Die Disco war ein voller Flop!"
KEVIN: „Wieso?"
SONJA: „Da waren lauter Freaks aus der Skater- und Bikerszene."
KEVIN: „War unser Trainer nicht dort?"
SONJA: „Doch, Jochen war der Einzige, der cool drauf war."
KEVIN: „Und Tina?"
SONJA: „Hör auf, die ging wieder voll ran. Aber echt heavy, wie Jochen die hat abblitzen lassen. Nicht mal 'nen Drink hat er ihr spendiert."
KEVIN: „Selber schuld! Es vergeht doch keine Party, wo die es nicht probiert."

a Bei welcher Gelegenheit könnte das Gespräch stattgefunden haben? Begründe deine Vermutung!

b Schreibt die englischen Fremdwörter auf Kärtchen. Überlegt gemeinsam, welche deutschen Begriffe zu den Fremdwörtern passen! Schreibt sie auf die Rückseite!

***c** Bereite mit einem Partner/einer Partnerin deiner Wahl ein ähnliches Gespräch vor! Verwendet möglichst viele englische Fremdwörter! Spielt euren Dialog der Klasse vor! Wer kann die Fremdwörter erklären?

2

Baby
Shampoo
Event
Computer
Sunblocker
Biker
cool
Casting
Lady
Sketch
Flyer
Manager

Rechner
Dame
Rollenverteilung
Sonnenschutzmittel
witziges, kurzes Bühnenstück
Leiter, Betreuer
Flugblatt
Fahrradfahrer
gelassen
Veranstaltung
Haarwaschmittel
Säugling

a Ordnet die Begriffe zu!

b Überlegt, warum viele englische Fremdwörter verwendet werden!

✶c Bildet Gruppen, die Werbetexte mit vielen englischen Fremdwörtern gestalten und darbieten!

3 Wessen Wortspinne hat die meisten Beine?

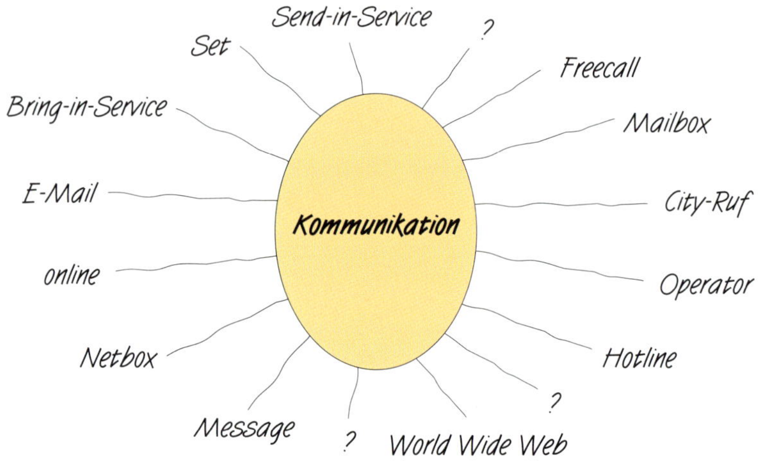

a Übertrage die Wortspinne in dein Heft und ergänze passende Begriffe aus dem Englischen!

b Diese Spinnen können noch nicht laufen. Macht ihnen Beine!

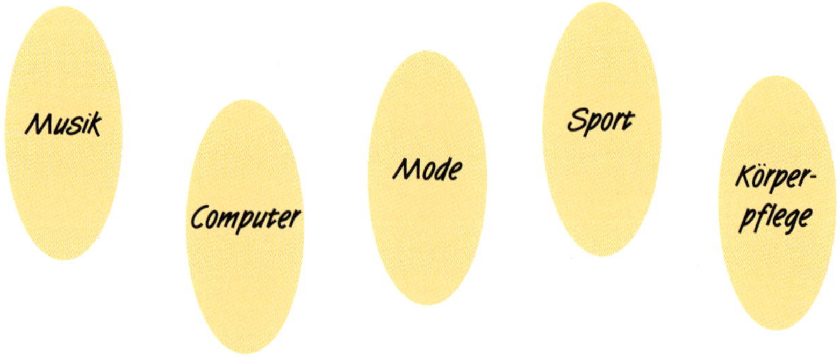

✶c Legt eine Fremdwortkartei (vgl. Aufgabe 1b) oder -datei an!

▶ **R** S. 141 f., Rechtschreibkartei

Zeichensetzung

Komma bei Aufzählungen

1 So steht's im Wörterbuch

> Das Komma steht bei Aufzählungen zwischen gleichrangigen Wörtern und Wortgruppen, wenn sie nicht durch Wörter wie „und“ oder „oder“ verbunden sind.

a Wer hat in demselben Monat wie du Geburtstag? Bilde Sätze!
Beispiel: *Im Januar haben Erich Haberer, Kathrin Bestler, Luigi Bergamo und Valentina Engelhart Geburtstag.*

b Welche Lehrer/innen unterrichten dich? Schreibe Sätze nach folgendem Muster:
Ich habe Frau Berg als Klassenleiterin, Frau Herdebach in Deutsch, Frau Klotz in Sport und Herrn Schön in Werken. In der Parallelklasse unterrichten …

2 Wer findet die meisten richtigen Aufzählungen?
Isar, Donau, … sind Flüsse in Deutschland.
… spielen in meiner Lieblingsmannschaft.
Köln, … sind Großstädte in Nordrhein-Westfalen.
Ein Regenbogen hat von innen nach außen die Farbfolge Violett, Blau, … .
Die bayerischen Regierungsbezirke heißen … .

3 Weihnachtsbasar an der Schule

a An den Ständen gab es Bratwürste, Dampfnudeln und Kinderpunsch oder Orangensaft.
Erkläre, warum zwischen „Dampfnudeln“, „Kinderpunsch“ und „Orangensaft“ keine Kommas stehen!

> Auch gleichrangige Sätze können aufgezählt werden:
> Beispiel: *Petra bastelte, Philipp backte und Maja goss Kerzen.*

▶ R S. 126 ff., Haupt- und Nebensätze

b

Am Mittwoch Donnerstag und Freitag hatten wir die Stände nach Unterrichtsschluss aufgebaut. Die einzelnen Buden des Weihnachtsbasars wurden von Lehrern Eltern und Schülern betreut. Unsere Klasse und die 5b waren für den Verkauf von Weihnachtsgrußkarten Christbaumschmuck und Plätzchen verantwortlich. Den Erlös wollten wir entweder dem Kinderhilfswerk oder der Krebshilfe zugutekommen lassen. Wie jedes Jahr unterstützten Eltern Lehrer und Besucher unseren Weihnachtsbasar.

★ 4 Schreibt ab und setzt Kommas!

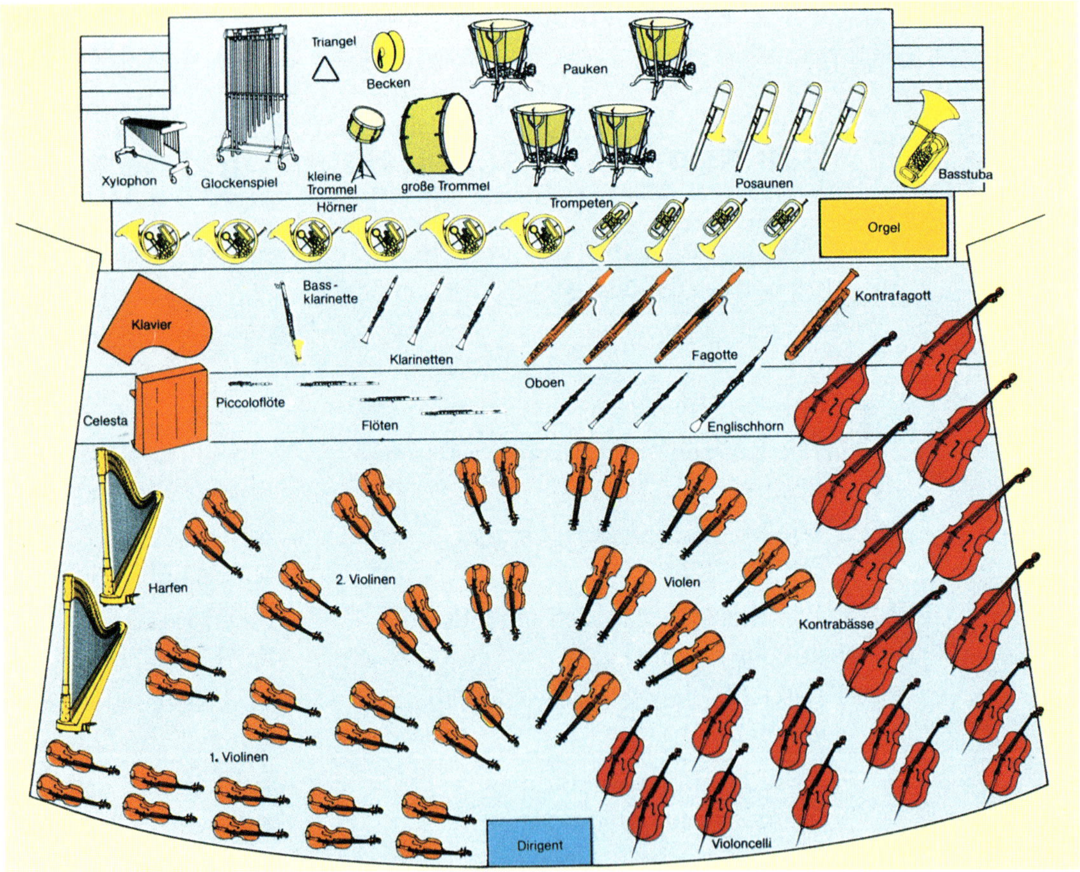

Das Schaubild zeigt dir den Aufbau eines Sinfonieorchesters. Man unterscheidet Saiten-, Blas- und Schlaginstrumente. Ordne die Instrumente den einzelnen Gruppen zu und bilde Aufzählungssätze!
Beispiel: *Zu den Saiteninstrumenten zählen Violinen, …*

Zeichensetzung bei der wörtlichen Rede

1 Total normal!?

Im Wohnzimmer klingelte das Telefon.
Der Hausherr nahm den Hörer ab.
„Hallo!“, **sagte eine unbekannte Männerstimme**. „Wir rufen aus dem Zoo an.“
„Reden Sie schon“, **brummte der Hausherr**.
„Lassen Sie Wasser in die Badewanne laufen, wir werden gleich einen Elefanten zum Baden zu Ihnen bringen.“
Der Hausherr wunderte sich: „Aber weshalb denn zu mir?“
„Weil wir heute im Zoo kein Wasser haben.“
„Er wird aber nicht hineingehen“, **wandte er ein**, „es ist nur eine kleine Wanne, eine Sitzwanne.“ (Fortsetzung folgt)

a Untersuche die Stellung der hervorgehobenen Redeerklärungen im Satz! Welche Unterschiede stellst du fest?

b Übertrage das folgende Schema in dein Heft und setze passende Sätze aus dem Text ein!

„ …… !“, …… .

„ …… “, …… .

…… : „ …… ?“

„ …… “, …… , „ …… .“

c Erarbeitet Regeln für die Zeichensetzung bei der wörtlichen Rede!

d
(1) „Wir rufen aus dem Zoo an.“
(2) „Ja, ja, ich höre!“
(3) Die Männerstimme fragte: „Haben Sie eine Badewanne?“
(4) „Aber weshalb denn zu mir?“, wunderte sich der Hausherr.
(5) „Hallo!“, sagte eine unbekannte Männerstimme.
(6) „Da haben Sie mir“, rief er, „wirklich eine große Freude gemacht.“

Wie unterscheidet sich die Zeichensetzung in den einzelnen Sätzen?

2 Total normal!? (Teil II)

Der Unbekannte meinte Das macht nichts Er kann drinnen sitzen, er ist ja dressiert
Na schön willigte der Hausherr ein was kann man da machen Bringen Sie ihn her
Sofort rief erfreut die Stimme im Hörer Wir wollen ihm nur noch das Zaumzeug anlegen
Entschuldigen Sie fragte der Hausherr von Neuem was für Wasser soll ich einlaufen lassen, heißes oder kaltes
Heißes, damit er sich so fühlt wie in Afrika erklärte man ihm
Na gut sagte der Hausherr dann gehe ich
Wohin fragte die Stimme
Wasser in die Wanne laufen lassen
Es trat eine Pause ein
Und du hast das wirklich geglaubt fragte die Stimme
Was geglaubt kam die Antwort
Die Stimme erwiderte Na das mit dem Elefanten
Natürlich, wieso denn nicht wunderte sich der Hausherr

Schreibe den Text ab und setze alle fehlenden Satzzeichen!

3 Total normal!? (Teil III)

Du bist ein verrückter Kerl“, erklärte die Stimme. „Ich hab das doch nur zum Spaß gesagt.
„Heißt das, ihr werdet den Elefanten nicht bringen?“ fragte der Hausherr.
„Natürlich nicht!“ Wo soll ich denn einen Elefanten hernehmen“, rief der Unbekannte.
Aber Sie arbeiten doch im Zoo, meinte der Hausherr.
„In was für einem Zoo?“, fragte die Stimme. Das war doch nur Spaß.“
Das verstehe ich nicht, sagte der Hausherr. Sie haben sich’s wohl anders überlegt.
„Wer hat sich was überlegt? kam es aus dem Hörer. Ich habe überhaupt nichts überlegt.“
Weshalb haben Sie dann angerufen? fragte der Hausherr verständnislos.

Die Stimme antwortete „Herrgott, das hab ich doch schon gesagt: Einfach nur so aus Spaß“
„Ich weiß nicht, was daran so spaßhaft sein soll“, meinte der Hausherr.

Schreibe den Text ab und verbessere die Fehler bei den Satzzeichen!

Wörtliche Rede

- Die wörtliche Rede steht zwischen Anführungs- und Schlusszeichen.
- Punkt, Frage- und Ausrufezeichen stehen vor dem Schlusszeichen.
- Bei begleitender Redeerklärung:
  - Steht die begleitende Redeerklärung als Vordersatz, wird danach ein Doppelpunkt gesetzt.
  - Steht sie als Zwischensatz oder Nachsatz, wird sie vom übrigen Satz durch Komma abgetrennt. Handelt es sich bei der wörtlichen Rede um einen Ausruf oder eine Frage, steht vor dem Schlusszeichen zudem ein Ausrufe- bzw. ein Fragezeichen. Der Punkt hinter einem Aussagesatz entfällt hingegen.

Beispiele:

Der Hausherr sagte: „Das verstehe ich nicht“, und schaute verständnislos.

„Wo soll ich denn einen Elefanten hernehmen?“, rief der Unbekannte.

Das solltest du wissen und können

Im folgenden Nachschlageteil findest du das Grundwissen und die Grundfertigkeiten, die du am Ende der Jahrgangsstufe 5 können und beherrschen solltest. Der Nachschlageteil ist in Texte verfassen, Textsorten, Arbeitstechniken und Grammatik gegliedert. Innnerhalb der einzelnen Bereiche sind die Begriffe alphabetisch geordnet.
So kannst du durch Nachschlagen Unverstandenes klären, Vergessenes wiederholen und weißt jederzeit, was du am Jahresende wissen und können solltest.
Mit Querverweisen wird auf Zusammenhänge aufmerksam gemacht. Ein ▶ zeigt dir, dass du an der angegebenen Stelle im Buch ausführliche Erklärungen, Aufgaben oder Übungen findest. Ein ↑ vor einem Begriff im Grammatikteil weist darauf hin, dass es zu diesem Begriff ein eigenes Stichwort gibt.

Texte verfassen

1. Ein Erlebnis aufschreiben
Wähle ein Erlebnis, das du selbst gehabt hast oder beobachtet hast.

Aufbau und Gestaltung
- Deine Geschichte muss eine Einleitung, einen Hauptteil (mit Höhepunkt) und einen Schluss haben.
- Überlege, was der Höhepunkt deiner Geschichte sein soll und welche Handlungsschritte zum Höhepunkt hinführen. Gestalte den Höhepunkt aus: Gedanken, Gefühle, wörtliche Rede …
- Erzähle im Präteritum. Wähle treffende Wörter und schreibe anschaulich, damit andere sich deine Geschichte vorstellen können.
- Bevor du deinen Aufsatz ins Reine schreibst, musst du ihn ▶ überarbeiten.

2. Eine erfundene Geschichte schreiben
- **Geschichte zu einer Bilderfolge**
  - Schau dir die einzelnen Bilder genau an. Überlege, was zwischen den Bildern (und gegebenfalls auf dem Bild mit dem Fragezeichen) geschehen sein könnte.
  - Denke dir eine Geschichte aus, die zu dem Geschehen passt, das auf den Bildern dargestellt ist.

- Überlege, ob du eine Er-/Sie-Erzählung oder eine Ich-Erzählung schreiben willst, wenn es dir freigestellt ist.
- Beachte zu Aufbau und Gestaltung die Schreibanleitungen bei 1.

• **Geschichte zu einem Bild**
  - Betrachte das Bild genau und überlege dir, was vorher geschehen sein könnte. Überlege dir, wie die Handlung weitergehen und enden könnte.
  - Überlege, ob du eine Er-/Sie-Erzählung oder eine Ich-Erzählung schreiben willst, wenn es dir freigestellt ist.
  - Beachte zu Aufbau und Gestaltung die Schreibanleitungen bei 1.

• **Geschichte zu einem Erzählausschnitt**
  - Lies den Textausschnitt (Erzählanfang, Erzählschluss oder Höhepunkt) genau durch.
  - Beachte die Hinweise über Zeit, Ort, Personen, ...
  - Prüfe, welche Hinweise du über den Handlungsverlauf erhältst.
  - Überlege dir eine Geschichte, die zu diesen vorgegebenen Hinweisen passt.
  - Beachte zu Aufbau und Gestaltung die Schreibanleitungen bei 1.

• **Geschichte zu Reizwörtern**
  - Denke dir eine Geschichte aus, in der die Reizwörter eine wichtige Rolle spielen.
  - Überlege, ob du eine Er-/Sie-Erzählung oder eine Ich-Erzählung schreiben willst, wenn es dir freigestellt ist.
  - Wähle eine passende Überschrift. Sie darf aber nichts Wichtiges verraten.
  - Beachte zu Aufbau und Gestaltung die Schreibanleitungen bei 1.

• **Geschichte zu einem Sprichwort**
  - Denke über die Aussage nach, die das Sprichwort beinhaltet.
  - Erfinde eine Geschichte, die diese Aussage beinhaltet.
  - Überlege, ob du eine Er-/Sie-Erzählung oder eine Ich-Erzählung schreiben willst.
  - Beachte zu Aufbau und Gestaltung die Schreibanleitungen bei 1.
  - Zitiere im Verlauf deines Aufsatzes einmal das Sprichwort, du kannst es zum Beispiel in den Schluss schreiben.

3. Einen Text nacherzählen

- Überlege dir, wer in der Geschichte eine Rolle spielt.
- Stell dir den Ablauf der Geschichte noch einmal vor und notiere dir die Handlungsschritte in kurzen Sätzen oder Stichworten in der richtigen Reihenfolge.
- Vergiss nichts Wichtiges und erfinde nichts Neues.

- Schreibe im Präteritum.
- Bevor du deinen Aufsatz ins Reine schreibst, musst du ihn ▶ überarbeiten.

4. Einen persönlichen Brief verfassen
- Überlege dir, was du der Person, die deinen Brief erhält, mitteilen möchtest.
- Rede diese Person auch in deinem Brieftext an, gehe auf ihre Fragen, Worte und Wünsche ein.
- Schreibe höflich und ohne Übertreibungen.
- Überlege dir eine sinnvolle Reihenfolge deiner Gedanken.
- Beachte die besondere Form eines Briefes:
  Ort und Datum rechts oben;
  links vorn die Anrede;
  den Brieftext in Absätze gliedern;
  unter den Brief den Grußteil, entweder rechts oder links;
  Personalpronomen und Possessivpronomen in der Höflichkeitsanrede großschreiben (Sie, Ihnen, Ihr, ...); du, ihr, dein, euer etc. können groß- oder kleingeschrieben werden.
- Bevor du deinen Brief ins Reine schreibst, musst du ihn ▶ überarbeiten.

Textsorten

1. Literarische Texte
Literarische Texte werden von Schriftstellern oder Schriftstellerinnen verfasst. Sie legen in der Regel besonderen Wert auf die sprachliche Gestaltung. Solche Texte wollen unterhalten, dich in eine andere Person, eine andere Zeit oder eine andere Welt versetzen. Sie wollen dich aber auch anregen, über Probleme des Lebens nachzudenken.

• **Gedicht**
Ein Gedicht ist ein kurzer Text aus mindestens einer Strophe; es ist in Versen (Zeilen) in einem bestimmten Rhythmus geschrieben und reimt sich meistens.

• **Märchen**
Märchen sind kurze Erzählungen, in denen sich Natürliches mit Fantastischem vermischt:
- Menschen, Tiere, Pflanzen und Gegenstände haben oft übernatürliche Kräfte.
- Wesen aus dem Zauberreich helfen oder schaden.
- Magische Zahlen sind von Bedeutung.

Der gute Mensch/der Held/die Heldin muss im Märchen Schwierigkeiten überwinden oder schwere Aufgaben lösen. Dafür wird er/sie am Ende belohnt, während das Böse bestraft wird.

„Es war einmal..." Mit diesen Worten beginnen viele Märchen und sie enden häufig mit der Verheißung: „Und wenn sie nicht gestorben sind, dann leben sie noch heute."

• **Schwank**

Ein Schwank ist eine lustige, derbe Geschichte. Sie erzählt von Streichen, die sich Menschen – oft auch gegenseitig – spielen. Meist werden dabei menschliche Schwächen der Lächerlichkeit preisgegeben.

2. Sachtexte

Sachtexte wollen vorwiegend informieren und belehren. Bei vielen Sachtexten findest du Zeichnungen, Fotos, Grafiken usw., die den Inhalt veranschaulichen oder ergänzen sollen.

Arbeitstechniken

Abschreiben, ▶ S. 137

Cluster

Mit einem Cluster kannst du dir den Anfang des Schreibens erleichtern. In die Mitte wird als erstes Wort das Thema gesetzt, zu dem du schreiben willst. Anschließend notierst du dir Begriffe, die dir dazu einfallen. Zusammengehörige Gedanken werden durch Striche verbunden. Wenn du deine Einfälle so geordnet hast, kannst du mit dem Schreiben beginnen. Die Clustertechnik kann man auch gut bei Gruppenarbeit anwenden.

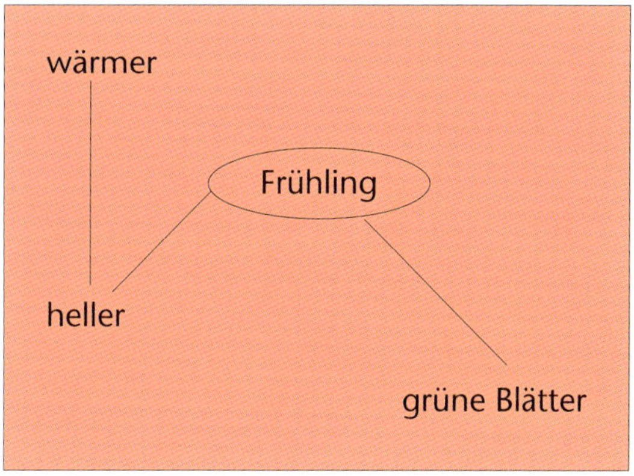

Diktate

• **Dosendiktat**

Du nimmst die Kopie eines Textes und zerschneidest ihn in einzelne Sätze. Die einzelnen Textstreifen legst du in eine Dose. Du nimmst einen Streifen, liest den Satz und schreibst ihn auswendig auf. Anschließend kontrollierst du deine aufgeschriebenen Sätze mithilfe der Textstreifen.

• **Laufdiktat**

Mehrere Kopien von dem gleichen Text sind an verschiedenen Stationen im Klassen-

zimmer ausgehängt. Du merkst dir, welche Station du anlaufen sollst. Wenn das Laufen beginnt, liest du dir den ersten Satz durch und gliederst ihn in Wortgruppen. Du merkst dir die erste Wortgruppe, läufst zu deinem Platz zurück und schreibst sie auf. Beim zweiten Lauf merkst du dir die nächste Wortgruppe usw. Anschließend überprüft ihr in Partnerarbeit eure Texte.
- **Partnerdiktat,** ▶ S. 136

einen Fragebogen erstellen, ▶ S. 13, 72

ein Infoblatt erstellen, ▶ S. 14

Informieren
- **andere informieren**

Überlege dir vorher, wen du informieren willst (jemanden, der sich gut auskennt, oder jemanden, für den das Thema neu ist). Bedenke auch, was der Zweck deiner Information ist, ein kurzer Überblick, eine Anregung, …
Wenn du rechtzeitig weißt, dass du andere informieren sollst, kannst du dich vorbereiten: Erstelle ein ▶ Cluster und ordne deine Gedanken in einer sinnvollen Reihenfolge. Schreibe dir ▶ Stichworte auf. ▶ Veranschauliche und ergänze, wenn möglich, deine Informationen durch ein Schaubild, eine Skizze, einen Gegenstand… Übe den Vortrag, bevor du die anderen informierst.
- **sich informieren**

Frage einen Experten/eine Expertin.
Suche im Internet, dabei kann dir eine Suchmaschine helfen.
Schlage in einem ▶ Wörterbuch, in einem Lexikon, im Atlas, … nach.

Interview, ▶ S. 69

Lernzirkel
In eurer Klasse werden mehrere Lern- und Arbeitsstationen aufgebaut. Dort findet ihr jeweils eine Arbeitsaufgabe. Diese könnt ihr alleine bzw. in Partnerarbeit lösen. Ihr könnt an jeder Station beginnen, wenn ein Platz frei ist. Ist eine Station besetzt, so nehmt ihr einfach die nächste.

Lesetagebuch anlegen, ▶ S. 19

Rechtschreibhilfen
- **im Wörterbuch nachschlagen,** ▶ S. 139 f.
- **Rechtschreibprüfungen: PC**

Du testest, wie das Rechtschreibprogramm in deinem Computer funktioniert. Verwende es, um Fehler zu vermeiden. Du musst aber wissen, dass es manche Fehler nicht erkennen kann. ▶ S. 137

- **verlängern und ableiten,** ▶ S. 139

Rollenspiel, ▶ S. 11

Schreibkonferenz
Um zu überprüfen, was ihr an euren Textentwürfen noch verbessern könnt, bildet ihr kleine Gruppen. Ein Gruppenmitglied liest seinen Text zweimal vor, die anderen achten auf Inhalt, Wortwahl, Tempus, Satzbau … und machen Verbesserungsvorschläge. Diese Hinweise notiert sich der Schreiber/die Schreiberin und überarbeitet anschließend den eigenen Text.

Spielszenen schreiben, ▶ S. 43 f.

Stichwortzettel ▶ S. 8

Texte erschließen:
- **literarische Texte erschließen,** ▶ S. 40
- **Sachtexte erschließen,** ▶ S. 64

Texte gliedern, ▶ S. 34, 46

Texte ordnen, ▶ S. 48, 54

Texte überarbeiten, ▶ S. 81 ff.
Überprüfe deinen Entwurf zuerst inhaltlich: hast du die Aufgabenstellung beachtet? Ist die Darstellung vollständig und kann ein anderer deine Gedanken nachvollziehen?
Achte beim zweiten Durchlesen darauf, ob deine Satzmuster wechseln, der Ausdruck treffend ist und du Wiederholungen vermieden hast. Überprüfe, ob du das richtige Tempus gewählt hast. Kontrolliere anschließend die Rechtschreibung.

Veranschaulichen: Wandzeitung, ▶ S. 22

Vortragen und Vorlesen, ▶ S. 21

Grammatik

Im folgenden Nachschlageteil findest du alle grammatischen Begriffe, die in deinem Sprachbuch vorkommen und dort meist farbig unterlegt sind, alphabetisch geordnet. Ein ↑ vor einem Begriff weist darauf hin, dass es zu diesem Begriff ein eigenes Stichwort gibt, wo du Genaueres dazu nachlesen kannst.

ableiten/Ableitung

Möglichkeit der Wortbildung und Hilfe beim Rechtschreiben. Ein abgeleitetes Wort besteht aus Stammwort, evtl. Vorsilbe und/oder Nachsilbe.

lang	*-sam*	*un*	*-glaub*	*-lich*
↑	↑	↑	↑	↑
Stammwort +	Nachsilbe	Vorsilbe +	Stammwort +	Nachsilbe

Adjektiv

Eigenschaftswort (Wortart)

- als Beifügung zu einem ↑Nomen deklinierbar:
  *Der **kleine** Junge weint. Die **kleinen** Jungen weinen.*
- als Teil des ↑Prädikats (beim ↑Verb) nicht deklinierbar:
  *Der Junge ist **klein**. Die Jungen sind **klein**.*

Die meisten Adjektive können gesteigert werden.
schön – schöner – am schönsten

Akkusativ

4. Fall bei der ↑Deklination (Wortform von ↑Nomen, ↑Artikeln, ↑Adjektiven, ↑Pronomen)
den Mann, die Frau, das Kind (↑Singular)
die Männer, die Frauen, die Kinder (↑Plural)
*Ich sah **den Mann**, **die Frauen** und **die Kinder**.*
Siehe auch Nominativ, Genitiv, Dativ!

Akkusativobjekt
Siehe Objekt!

Artikel
Begleiter beim ↑Nomen, der mit ihm dekliniert wird (Wortart)
bestimmter Artikel:

der *Junge,*	***die*** *Frau,*	***das*** *Mädchen*
die *Jungen,*	***die*** *Frauen,*	***die*** *Mädchen*

unbestimmter Artikel:

ein Junge,	***eine*** Frau,	***ein*** Mädchen

Siehe auch Deklination!

Aufforderungssatz
Satzart
Siehe Satzarten!

Aussagesatz
Satzart
Siehe Satzarten!

Dativ
3. Fall bei der ↑Deklination (Wortform von ↑Nomen, ↑Artikeln, ↑Adjektiven, ↑Pronomen)
dem Mann(e), der Frau, dem Kind(e) (↑Singular)
den Männern, den Frauen, den Kindern (↑Plural)
Ich gebe ***dem Mann, der Frau*** *und* ***den Kindern*** *den Ball zurück.*
Siehe auch Nominativ, Genitiv, Akkusativ!

Dativobjekt
Siehe Objekt!

Deklination/deklinieren
Die Wortveränderungen von ↑Nomen, ↑Adjektiv, ↑Artikel, ↑Pronomen in den vier Fällen:

↑Nominativ:	***Das scheue Reh*** *grast am Waldrand.*
↑Genitiv:	*Sie erinnert sich* ***des scheuen Rehs*** *am Waldrand.*
↑Dativ:	*Er begegnete* ***einem scheuen Reh.***
↑Akkusativ:	*Er sah* ***das scheue Reh****.*

Siehe auch Nominativ, Genitiv, Dativ, Akkusativ!

deklinierbar
Veränderbarkeit von ↑Nomen, ↑Adjektiv, ↑Artikel, ↑Pronomen in den vier Fällen
Siehe Deklination!

Demonstrativpronomen
Siehe Pronomen!

Doppelkonsonant
Siehe Konsonant!

Doppelvokal
Siehe Vokal!

finite Form
↑konjugierte Form des ↑Verbs; auch ↑Personalform des Verbs
Siehe Personalform!

flektierbar
Veränderbarkeit von Wörtern, je nach Stellung im Satz
Zu den flektierbaren Wörtern gehören:
- ↑Verben (↑konjugierbar): *liegen – liegt – liege – lag – gelegen – …*
- ↑Nomen (↑deklinierbar): *Haus – Hauses – Häuser – …*
- ↑Adjektive, ↑Artikel, ↑Pronomen (↑deklinierbar)

Siehe auch nicht flektierbar!

Fragesatz
Satzart
Siehe Satzarten!

Genitiv
2. Fall bei der ↑Deklination (Wortformen von ↑Nomen, ↑Artikeln, ↑Adjektiven, ↑Pronomen)
des Mannes, der Frau, des Kindes (↑Singular)
der Männer, der Frauen, der Kinder (↑Plural)
Es ist das Haus ***des Mannes, der Frau*** *und* ***ihrer Kinder****.*
Siehe auch Nominativ, Dativ, Akkusativ!

Genitivobjekt
Siehe Objekt!

Hauptsatz
Selbstständiger, von anderen Sätzen unabhängiger Satz. Die ↑finite Form (↑Personalform) des ↑Verbs steht in der Regel an zweiter Stelle.
Der Unterricht ***endete*** *um 13:00 Uhr. Alle* ***lachten*** *laut.*

infinite Form

nicht ↑konjugierte Formen des ↑Verbs: ↑Infinitiv, ↑Partizip Perfekt

gehen – gegangen

Siehe Infinitiv, Partizip Perfekt!

Infinitiv

Grundform des Verbs; ↑infinite (nicht ↑konjugierte) Form

gehen, laufen, springen

Konjugation/konjugieren

Die Wortveränderungen des ↑Verbs im Satz in Abhängigkeit von ↑Subjekt (↑Person, ↑Zahl) und ↑Tempus

*singen: ich sing**e** – du sing**st** – wir sing**en** – ihr sing**t** – sie sing**en** – sie s**a**ng**en***

konjugierbar

Veränderbarkeit des ↑Verbs im Satz nach ↑Person, ↑Zahl, ↑Tempus

Siehe auch Konjugation!

Konsonant

Mitlaut; Plural: Konsonanten

Beispiele: *[b] – [d] – [l] – [m]*

Doppelkonsonanten: *ll – mm – …*

Nebensatz

Unselbstständiger, von einem Hauptsatz abhängiger Satz. Die ↑finite Form (↑Personalform) des Verbs steht in der Regel an letzter Stelle.

*Er kam verspätet, **weil der Bus in einen Stau geriet**.*

HS NS

nicht flektierbar

Unveränderbarkeit von Wörtern im Satz

sehr, dort, auf, zu

Siehe auch flektierbar!

Nomen

Hauptwort oder Substantiv (Wortart)

↑Deklinierbare Wortart, die mit einem ↑Artikel verbunden werden kann und großgeschrieben wird.

(das) Haus, (die) Erde

Nominativ

1. Fall bei der ↑Deklination (Wortform von ↑Nomen, ↑Artikeln, ↑Adjektiven, ↑Pronomen)
der Mann, die Frau, das Kind (↑Singular)
die Männer, die Frauen, die Kinder (↑Plural)
***Der Mann, die Frau** und **die Kinder** verreisten.*

Objekt

Satzglied (Satzergänzung), das vom ↑Verb abhängig ist

↑Akkusativobjekt:	*Er zog **den Schlitten**.*
↑Dativobjekt:	*Er dankte **seinem Retter**.*
↑Genitivobjekt:	*Er wehrte sich **seiner Haut**.*

Objekte können mit der ↑Umstellprobe und mit Fragen erkannt werden:

↑Akkusativobjekt:	Wen (oder Was) + Prädikat + Subjekt?
↑Dativobjekt:	Wem + Prädikat + Subjekt?
↑Genitivobjekt:	Wessen + Prädikat + Subjekt?

Partizip Perfekt

Mittelwort der Vergangenheit oder 2. Partizip; ↑infinite Verbform. Es wird in der Regel mit der Vorsilbe *ge-* und der Endung *-t, -et* oder *-en* gebildet.
ge**-lob-**t**, **ge**-red-**et**, **ge**-sung-**en
Es gibt auch ↑Verben, die das Partizip Perfekt ohne Vorsilbe *ge-* bilden.
verreist, entlaufen
Das Partizip Perfekt wird innerhalb des ↑Prädikats zur Bildung der ↑Tempora ↑Perfekt, ↑Plusquamperfekt und ↑Futur II gebraucht.
*Er hat viel **geredet**. Wir waren **verreist**. Wir werden **gegessen** haben.*

Perfekt

Siehe Tempus!

Person (1./2./3.)

Ein Merkmal der ↑finiten Form (↑Personalform) des ↑Verbs im ↑Singular/↑Plural in allen ↑Tempora. Man unterscheidet drei Personen.

Beispiel im	↑Präsens:	
	↑Singular	↑Plural
1. Person:	***ich*** *gehe*	***wir*** *geh**en***
2. Person:	***du*** *geh**st***	***ihr*** *geh**t***
3. Person:	***er/sie/es*** *geh**t***	***sie*** *geh**en***
	Das Auto *fährt.*	***Die Autos*** *fahr**en**.*

Personalform

Form des Verbs (↑finite Form), die ↑Tempus, ↑Person und ↑Zahl angibt und in ↑Person und ↑Zahl durch das ↑Subjekt bestimmt wird.

*ich **gehe**, du **läufst**, der Chor **singt**, die Schüler **lachen***

Zur Stellung der ↑Personalform des ↑Verbs im Satz siehe auch Hauptsatz und Nebensatz!

Personalpronomen

Siehe Pronomen!

Plural

Numerus (Mehrzahl); Form des ↑finiten Verbs, wenn das Subjekt in der Mehrzahl steht.

Plusquamperfekt

Siehe Tempus!

Possessivpronomen

Siehe Pronomen!

Prädikat

Satzglied, das mindestens aus einem oder mehreren Verben (↑finiten und ↑infiniten) besteht.

*Gita **lernt** Englisch.*

*Carsten **spielt** in einer erfolgreichen Mannschaft **mit**.*

*Till **hat** seine Hausaufgaben **gemacht**.*

Präposition

Verhältniswort (Wortart)

Präsens

Siehe Tempus!

Präteritum

Siehe Tempus!

Pronomen

Fürwort (↑deklinierbare Wortart). Stellvertreter oder Begleiter eines ↑Nomens

- Personalpronomen (persönliches Fürwort): *ich, du, er, sie, es, wir…*
- Possessivpronomen (besitzanzeigendes Fürwort): *mein, dein, sein, ihr, unser …*
- Demonstrativpronomen (hinweisendes Fürwort): *dieser, diese, dieses*
- Relativpronomen (bezügliches Fürwort): *der, die, das … – welcher, welche, welches …*

Rede (direkte oder wörtliche)

Wörtlich wiedergegebene Rede (Zitat)

*Daniela sagte: **„Der Wandertag war große Klasse."** **„Wo seid ihr denn gewesen?"**, fragte Stefan.*

Rede (indirekte oder nicht wörtliche)

Nicht wörtlich wiedergegebene Rede

*Daniela sagte, **dass der Wandertag große Klasse gewesen sei**.*

*Daniela sagte, **der Wandertag sei große Klasse gewesen.***

Relativpronomen

Siehe Pronomen!

Satzarten

- Aufforderungssatz: ***Gib** mir das Heft!*
  Das ↑Verb steht immer am Anfang.
- Aussagesatz: *Theo **feierte** Geburtstag. Er **hat** sein Heft vergessen.*
  Die ↑Personalform des Verbs steht an zweiter Stelle.
- Fragesatz: *Wer **leiht** mir einen Kugelschreiber?* (Wortfrage)
  ***Hilfst** du mir bei den Hausaufgaben?* (Satzfrage)
  Bei der Satzfrage steht die ↑Personalform des ↑Verbs an erster Stelle, bei der Wortfrage an zweiter Stelle.
- Ausrufesatz: *Wie gut das geklappt hat!*

Die Satzarten sind meistens auch an den Satzschlusszeichen zu erkennen.

Satzgefüge

Die Verbindung von Haupt- und Nebensätzen

Wir gingen ins Kino, nachdem wir gegessen hatten. (HS, NS.)

Nachdem wir gegessen hatten, gingen wir ins Kino. (NS, HS.)

Wir gingen, nachdem wir gegessen hatten, ins Kino. (H, NS, S.)

Haupt- und Nebensatz werden durch Komma getrennt.

Satzglieder

Wörter oder Wortgruppen, aus denen sich ein Satz zusammensetzt. Die Satzglieder sind innerhalb des Aussagesatzes umstellbar. Siehe auch Umstellprobe, Subjekt, Objekt, Prädikat!

Satzreihe

Verbindung von mindestens zwei Hauptsätzen.

Tanja erzählte einen Witz (,) und die Klasse lachte.

Singular

Numerus (Einzahl); Form des ↑finiten Verbs, wenn das Subjekt in der Einzahl steht.

Subjekt

Das Satzglied im ↑Nominativ, das sich durch die Frage „Wer oder Was + Prädikat?" erfragen lässt. Es bestimmt die ↑finite Form (↑Personalform) des ↑Verbs im Satz.

Meine Eltern *waren nicht zu Hause.* Frage: ***Wer war*** *nicht zu Hause?*
Antwort: ***Meine Eltern*** → Subjekt

Substantiv

Anderer Begriff für ↑Nomen

Tempora

Plural von Tempus
Siehe Tempus!

Tempus

Verbform in einer der folgenden 6 „Zeiten" (↑Plural: Tempora):

Präsens	*bindet*	*regnet*
(Gegenwart)	*geht*	

Präteritum (1. Vergangenheit)	*band*	*regnete* *ging*
Perfekt (2. Vergangenheit)	*hat gebunden*	*hat geregnet* *ist gegangen*
Plusquamperfekt (3. Vergangenheit)	*hatte gebunden*	*hatte geregnet* *war gegangen*
Futur I (1. Zukunft)	*wird binden*	*wird regnen* *wird gehen*
Futur II (2. Zukunft)	*wird gebunden haben*	*wird geregnet haben* *wird gegangen sein*

Umstellprobe

Methode zum Finden und Bestimmen von Satzgliedern durch Umstellen von Wörtern oder Wortgruppen und zur Verbesserung eines Textes (Abwechslung im Satzbau)

Uwe wohnt seit drei Jahren in München.
***Seit drei Jahren** wohnt **Uwe** in München.*
***In München** wohnt Uwe seit drei Jahren.*

Wörter oder Wortgruppen, die zusammen umgestellt werden, sind Satzglieder. Als Satzglieder lassen sich daher neben dem ↑Prädikat (↑Verb) bestimmen: *Uwe – seit drei Jahren – in München.*

Verb

↑Konjugierbare Wortart, die das ↑Prädikat im Satz bildet. Das ↑Verb bestimmt die ↑Objekte.

*Das Schulfest **gefiel** allen, weil wir viel **tanzen konnten**.*

Siehe auch Personalform und Prädikat!

Vokal

Selbstlaut; Plural: Vokale

a – e – i – o – u; Doppelvokale (Diphthonge) : *ei – au – eu – äu;* Umlaute: ä – ö – ü

Wortfamilie

Wörter, die auf ein gemeinsames Stammwort zurückzuführen sind, bilden eine Wortfamilie.

groß, Größe, Großbetrieb, riesengroß, vergrößern …

Wortfeld

Wenn Wörter einen gemeinsamen Teil an Bedeutung haben, bilden sie ein Wortfeld.

eng, schmal, dünn …

Zahl

Form des ↑finiten Verbs: Einzahl (↑Singular) oder Mehrzahl (↑Plural). Sie wird durch das ↑Subjekt bestimmt.

Zeit

Siehe Tempus!

Zeitstufe

Art der zeitlichen Einbettung aus der Sicht des Sprechers oder Schreibers zu dem Zeitpunkt, in dem er sich äußert.

Man unterscheidet dabei drei Zeitstufen (Gegenwart, Vergangenheit und Zukunft), die nicht mit den ↑ Tempora verwechselt werden dürfen.

Die Zeitstufen werden mit den ↑Tempora des ↑Verbs und anderen Wörtern ausgedrückt.

*Wir **gehen morgen** ins Kino.* (Zeitstufe „Zukunft" aus der Sicht des Sprechers, die mit dem ↑Tempus ↑Präsens und dem Wort „morgen" ausgedrückt wird.)

Stichwortregister

Fachübergreifende Bildungs- und Erziehungsaufgaben

Textquellenverzeichnis

Hier nicht aufgeführte Texte sind Originalbeiträge der Verfasser/innen.

Seite 10: Text 5: Quelle unbekannt
Seite 18: Henning Mankell, Der Hund, der unterwegs zu einem Stern war, übers. v. Angelika Kutsch. Hamburg 1992, S. 5 f. (Verlag Friedrich Oetinger)
Seite 20: ebd., S. 9 f.
Seite 21: ebd., S. 15-18
Seite 22 f.: ebd., S. 47-51
Seite 23: ebd., S. 57-60
Seite 25: ebd., S. 140-142
Seite 26: ebd., S. 150-152
Seite 30: Märchensprüche aus: Jacob und Wilhelm Grimm, Grimms Kinder- und Hausmärchen. Eltville am Rhein 1985 (Rheingauer Verlagsgesellschaft)
Seite 32 ff.: Ludwig Bechstein, Der alte Zauberer und seine Kinder. In: Ludwig Bechstein, Der goldene Rehbock. Berlin o. J., S. 24 (Der Kinderbuchverlag)
Seite 35 f.: Childe Rowland aus: Englische Märchen, übers. und hrsg. von Frederik Hetmann. Frankfurt/Main 1976, S. 13 (Fischer Taschenbuch Verlag)
Seite 37: Ieperdewiep, Aperdewaap. Niederländische Märchen, übers. und hrsg. von Joseph-Henricus von Soer. Leipzig 1982, S. 24, 51 (Reclam Verlag; mit leichten Änderungen der Märchenanfänge)
Seite 39: Georg Paysen-Petersen, Till Eulenspiegel in Hamburg. In: Georg Paysen-Petersen, Till Eulenspiegel. Bindlach o. J., S. 114 (Loewes Verlag)
Seite 42: Inhaltsangabe angefertigt nach Jörg Wickram, Von einem armen Studenten, der aus dem Paradies kam, und einer reichen Bäuerin. In: W. Richter, Schöne Schwänke für jung und alt. Berlin 1961 (Ullstein Verlag)
Seite 45: Aesop, Der Esel und das Pferd. In: Die schönsten Fabeln des Aesop, deutsch von Franz Martin. München 1981, S. 10 (Betz Verlag)
Seite 48: G. E. Lessing, Die Gans. In: G. E. Lessing, Werke, Erster Band, hrsg. v. Herbert G. Göpfert. München 1970, S. 236 (© Carl Hanser Verlag; Lizenzausgabe für die Wissenschaftliche Buchgesellschaft; verändert und bearbeitet)
Seite 49: Aesop, Der aufgeblasene Frosch. In: Das große Fabelbuch, neu bearb. v. Käthe Recheis. Wien 1965, S. 213 (Carl Verlag Ueberreuter; verändert und bearbeitet)
Seite 51: Rudolf Baumbach, Der Holzwurm. In: Thüringer Lieder. Stuttgart/Berlin 1906 (J. G. Cotta'sche Verlagsbuchhandlung Nachfolger); zit. aus: Lesebuch B, 7. Schuljahr, bearb. v. Hans Schön. Stuttgart [1]1969, S. 169 (Ernst Klett Verlag)
Seite 52: Ernst Jandl, fünfter sein. In: Ernst Jandl, Der künstliche Baum. Neuwied/Berlin 1970 (Luchterhand Verlag); zit. aus: Lesestraße 6B, Lesebuch für die 6. Jahrgangsstufe, bearb. v. Ebner-Bittersohl u. a. München [1]1987, S. 150 (bsv)
Seite 53: Christian Adolf Overbeck, An den Mai. In: Die schönsten Gedichte aus acht Jahrhunderten, hrsg. v. Carl Stephenson. Berlin-Schöneberg 1960, S. 133 (Gebrüder Weiß Verlag)
Seite 53: Wolfgang Amadeus Mozart, Sehnsucht nach dem Frühling. In: Unterrichts-Lieder, hrsg. v. Paul Losse. Leipzig o. J. (Edition Peters)

Seite 54: Hans Manz, Katharina. In: Die Stadt der Kinder, hrsg. v. Hans-Joachim Gelberg, Recklinghausen 1975 (Georg Bitter Verlag); zit. aus: Kolumbus 7, Lesebuch für bayerische Realschulen, hrsg. v. Hans Rötzer, Bamberg ^{1}1983, S. 22 (Buchners Verlag)

Seite 56: Timm Ulrichs, ordnung-unordnung. In: konkrete poesie, hrsg. v. Eugen Gomringer. Stuttgart 1972 (Reclam Verlag)

Seite 62 ff.: Medizini 3/1983, hrsg. v. Wort und Bild Verlag Konradshöhe GmbH und Internationales Grünes Kreuz Genf (Text von Poster übernommen)

Seite 65 f.: Medizini 3/1983, ebd.

Seite 76 f.: Der Mäusebussard und die Gummimaus. In: Wolf-Schülerbuch Deutsch 5, hrsg. v. Helfried Stöckel. Regensburg ^{1}1986, S. 13 (Wolf-Verlag)

Seite 78: Ursula Wölfel, Die grauen und die grünen Felder. Ravensburg ^{2}1998, S. 24-27 (Ravensburger Buchverlag; ©Anrich Verlag, Mülheim an der Ruhr 1970)

Seite 79: Schülerarbeit

Seite 80: So ein Schreck. In: Sprache lebt 5, hrsg. v. Josef Greil. München 1986, S. 52 (Oldenbourg; verändert und bearbeitet)

Seite 81: Angst. In: Sprache lebt 5, ebd., S. 53 (verändert und bearbeitet)

Seite 83: Wolfgang Menzel, Eine merkwürdige Begebenheit. In: PRAXIS DEUTSCH 85/1987, S. 50 ff. (Friedrich Verlag)

Seite 84: Aufg. 5, 5d in: Wolf-Schülerbuch Deutsch 5, ebd., S. 16 (verändert und bearbeitet)

Seite 102 f.: Familienrat. In: Werkstatt Sprache A5, hrsg. v. Karl O. Frank und Harald Pfaff. München 1996, S. 118 (Oldenbourg)

Seite 108: Aufg. 6a in: Das Deutschbuch Band 2, Wien 2000, S. 137 (Oldenbourg)

Seite 119: Ein Fisch erzählt seinen Lebenslauf. In: Werkstatt Sprache 5N, hrsg. v. Karl O. Frank und Harald Pfaff. München 1990, S. 147 f. (Oldenbourg)

Seite 125: Märchensuchspiel. In: Werkstatt Sprache A5, ebd., S. 161

Seite 127 f.: Andere Länder, andere Sitten. In: Das Deutschbuch, Band 2, ebd., S. 138

Seite 135: Aufg. 1: Schülertexte in: Werkstatt Sprache A5, ebd., S. 90

Seite 136 f.: Christa Reinig, Orion trat aus dem Haus. Neue Sternbilder. Stierstadt/Ts. 1968, S. 39 (Eremiten-Presse; verändert und bearbeitet)

Seite 138: Aufg. 5 in: Werkstatt Sprache 5, hrsg. v. Karl O. Frank und Harald Pfaff. München 1991, S. 76 (Oldenbourg; verändert und bearbeitet)

Seite 144: Melanie Bartels, Gabriele Hinney, Ich kannte eine kleine Kuh, in: PRAXIS DEUTSCH 124/1994, S. 48 (Friedrich Verlag)

Seite 146: Aufg. 5 nach „Lachen ist die beste Medizin“ (DAS BESTE AUS READERS DIGEST); zit. aus: Hans Heinrich Plickat, Emil Luthardt, Orthograph. Stuttgart 1978, S. 40 (Klett; verändert und bearbeitet)

Seite 147: Aufg. 7: Maria Risser, Der Müller, der nicht nachdachte. In: PRAXIS DEUTSCH 124/1994, S. 48 (Friedrich Verlag)

Seite 148: „Das Erbe“. In: Das große Buch der Anekdote. München 1964 (Bechtle Verlag; in: Orthograph, ebd. S. 45; verändert und bearbeitet)

Seite 149: Aufg. 1 (Buchstabenkasten) in: Werkstatt Sprache A5, ebd., S. 102

Seite 149: Aufg. 2 nach Eduard Wienerl aus: Werkstatt Sprache 6N, hrsg. v. Karl O. Frank und Harald Pfaff. München 1990, S. 127 (Oldenbourg)

Seite 150: G. E. Lessing, Der Wolf und das Schaf. In: G. E. Lessing, Werke, Erster Band, hrsg. v. Herbert G. Göpfert. München 1970, S. 276 (© Carl Hanser Verlag; Lizenzausgabe für die Wissenschaftliche Buchgesellschaft; verändert und bearbeitet)

Seite 150: Aufg. 4 in: Werkstatt Sprache 5N, ebd., S. 126

Seite 151: Die Spinne und die Fliege, nach: James Thurber, 75 Fabeln für Zeitgenossen, übers. v.

Ulla Hengst, Hans Reisiger, Heinrich M. Ledig-Rowohlt. In: Orthograph, ebd., S. 25 (Klett; © Rowohlt Verlag 1967; verändert und bearbeitet)
Seite 152: Aufg. 3 in: Werkstatt Sprache 6N, ebd., S. 132
Seite 152: Johann Wolfgang v. Goethe, Kläffer. In: Goethe Gedichte, hrsg. und kommentiert von Erich Trunz (Sonderausgabe von Bd. 1 „Hamburger Ausgabe“). München 1981, S. 337 (Verlag C. H. Beck)
Seite 153: Aufg. 1 nach Wilhelm von Scholz, Der vergessene Schirm. In: Wilhelm von Scholz, Das Buch des Lachens. In: Orthograph, ebd., S. 21 (Klett; © Goldmann TB 358; verändert und bearbeitet)
Seite 153 f.: Text 3 nach Edmund Hillary, Ich stand auf dem Mount Everest, übers. v. R. W. Rickmers. Mannheim 1959 (Brockhaus; verändert und bearbeitet)
Seite 155: Aufg. 4: Joachim Ringelnatz, Ein männlicher Briefmark. In: Joachim Ringelnatz, ... und auf einmal steht es neben dir. Gesammelte Gedichte. Zürich 1950, S. 23 (Diogenes Verlag)
Seite 155: Aufgabe 4b: Sprachspiele. Stuttgart o. J., S. 43 (Reclam Nr. 9533; verändert und bearbeitet)
Seite 158: Ein Märchen ohne Schluss, nach Gebrüder Grimm
Seite 163 f.: Aufg. 2: Der Streit um die Gans. In: Hans Heinrich Plickat, Emil Luthardt, Orthograph, ebd., S. 84 (Klett; verändert und bearbeitet)
Seite 165: Aufg. 2 in: Werkstatt Sprache 5N, ebd., S. 129 (verändert und bearbeitet)
Seite 165 f.: Aufg. 3 in: Werkstatt Sprache 5N, ebd., S. 130
Seite 167: Das Glöcklein. In: Das große Heinz Erhardt Buch. Gütersloh o. J., S. 14 (Mohn)
Seite 168: Muss „Rocky“ wieder in ein Tierheim? In: Werkstatt Sprache A5, ebd., S. 117
Seite 169: Einige Grundregeln der Hundepflege. In: Werkstatt Sprache A5, ebd., S. 118 (verändert)
Seite 170: Aufg. 4 in: Werkstatt Sprache A5, ebd., S. 119
Seite 170: Münchhausens Ritt auf der Kanonenkugel, nach: Erich Kästner erzählt Münchhausen. Zürich 1951, S. 49 f. (Atrium Verlag)

Trotz entsprechender Bemühungen ist es nicht in allen Fällen gelungen, den Rechtsinhaber ausfindig zu machen. Gegen Nachweis der Rechte zahlt der Verlag für die Abdruckerlaubnis die gesetzlich geschuldete Vergütung.

Sämtliche in diesem Buch angegebenen Internetadressen beziehen sich auf den Stand November 2000.

Bildquellenverzeichnis

S. 7: Richard Schöllhorn, Wangen. S. 8, 10, 12: B. Zwick, Hohenwarth. S. 15: Jeff Baker, Bavaria Bildagentur, Gauting. S. 16: (1) Illustration von Roswitha Quadflieg aus dem Buch „Die unendliche Geschichte“ von Michael Ende © by Thienemanns Verlag, Stuttgart-Wien-Bern, (2) Illustration von Herbert Holzing aus dem Buch „Krabat“ von Otfried Preußler © by Thienemanns Verlag, Stuttgart-Wien-Bern, (3) Illustration von Winnie Gebhardt-Gayler aus dem Buch „Die kleine Hexe“ von Otfried Preußler © by Thienemanns Verlag, Stuttgart-Wien-Bern, (4) Lindgren, Astrid: Ronja Räubertochter © Verlag F. Oetinger, Hamburg 1982. S. 17: (1, 2) K. Jungert, Wilhelm-Löhe-Schule, Nürnberg, (3) Mankell, Henning: „Der Hund der unterwegs zu einem Stern war“ © Verlag F. Oetinger, Hamburg 1982. S. 18, 20, 21, 23, 24, 25: Mankell, Henning: „Der Hund der unterwegs zu einem Stern war“ © Verlag F. Oetinger, Hamburg 1982. Seite 29: Marc Chagall „Der Clown auf dem Pferd“, VG Bild-Kunst, Bonn 2007. S. 31: (1) H. Meiser, Furth i. W., (2) Philipp Reclam jun. Verlag, Ditzingen, (3) Ludwig Richter aus „Ludwig Bechstein Deutsches Märchenbuch“, Insel Verlag 1993. S. 33: Ludwig Richter aus „Ludwig Bechstein Deutsches Märchenbuch“, Insel Verlag 1993. S. 37: (1) „Märchenstunde“ von Rotraut Susanne Berner. Verlagsgruppe Beltz & Gelberg 1998, Weinheim u. Basel, (2) Märchen der Gebrüder Grimm, Droemer Knaur Verlag München, (3) Sheila Moxley, aus „Märchen aus 1001 Nacht“, © by Arena Verlag Würzburg 1996, (4) Andersen, Hans Christian: Märchen, Droemer Knaur Verlag München. S. 40: Edda Köchl. S. 41: Titelblatt des 1. Drucks des Eulenspiegel-Volksbuches. S. 47: Wilhelm Kaulbach: Am Hofe des Löwen (Stahltstich), Archiv Gerstenberg. S. 48: Eva Czerwenka. S. 53: Waltraud Beuerle, MEV-Verlag, Augsburg. S. 57: (1) aus „Dinosaurier und andere Urzeittiere“ © 1989 by Ravensburger Buchverlag Otto Maier GmbH, Ravensburg © 1988 by Editions Gallimard, (2) Paul Maar „Türme“, Verlag, F. Oetinger, Hamburg, (3) „Mein Meerschweinchen“, Graefe und Unzer Verlag, München, (4) Tessloff Verlag, Nürnberg „WAS ist WAS“ Band 10 „Fliegerei und Luftfahrt“. S. 61: Edgar Schöpal. S. 62: IFA-Bilderteam/R. Maier. S. 63: (1) IFA-Bilderteam/Ostgathe, (2) Juniors Bildarchiv/R. Bruckner. S. 66: aus „medizini“ Apothekenzeitschrift. S. 67: (1) B. Zwick, Hohenwarth, (2) Archiv Heinrich Vogel Verlag, (3) Rainer Schulze, aus: „Radfahrer sichere Dich“, Rot-Gelb-Grün-Verlag, Braunschweig. S. 68: (1, 2) Rainer Schulze, aus: „Radfahrer sichere Dich“, Rot-Gelb-Grün-Verlag, Braunschweig, (3) Christoph Rössle, Aachen. S. 70: Hörzu vom 1.10.2000. S. 71: Mauritius-Age, P. Hattenberger/Publiphoto, Mittenwald. S. 74: (1) B. Zwick, Hohenwarth, (2) Archiv Rodenstein, Fränkisch Crumbach. S. 75: B. Zwick, Hohenwarth. S. 87: aus: e. o. Plauen „Vater und Sohn“, Gesamtausgabe © Südverlag GmbH, Konstanz 1982 (ren.) mit Genehmigung der Gesellschaft für Verlagswerte GmbH, Kreuzlingen/Schweiz. S. 91, 92 (1): K. Mühlmeister aus „Das goldene Märchenbuch“ © Ensslin & Laiblin Verlag, Reutlingen. S. 92 (2): Archiv für Kunst und Geschichte, Berlin. S. 105: B. Zwick, Hohenwarth. S. 108: Zefa, G. Baden, Düsseldorf. S. 109: Bayernland AG. S. 110: Zefa, Westrich, Düsseldorf. S. 119: (1) Christen/Okapia, Frankfurt, (2) Edda Köchl. S. 125: Aille Hardy. S. 142: B. Zwick, Hohenwarth. S. 146: Eva Czerwenka. S. 147: Peter Schimmel, München. S. 148: D. Blech-Karsunke, München. S. 150: Roman Spiro, Kirchheim. S. 152, 153: Eva Czerwenka. S. 155: Edda Köchl. S. 168: IFA-Bilderteam, Direct Stock, München. S. 174: „Sinfonieorchester“ aus: Brockhaus Enzyklopädie in 24 Bänden, Bd. 16, 19. Aufl. 1991. S. 175: E. Czerwenka.

Trotz entsprechender Bemühungen ist es nicht in allen Fällen gelungen, den Rechtsinhaber ausfindig zu machen. Gegen Nachweis der Rechte zahlt der Verlag für die Abdruckerlaubnis die gesetzlich geschuldete Vergütung.

Originalgedichte der bearbeiteten Fassungen

S. 54:

HANS MANZ: Katharina

Katharina, Katharine
schrieb auf einer Schreibmaschine
nachts um zwölf, als alles schlief,
an die Eltern diesen Brief:
Sagt mir einmal, warum dürfen
große Leute Suppe schlürfen?
Warum dürfen sie laut gähnen,
warum stochern sie in Zähnen,
weshalb dürfen sie in Ohren
mit dem kleinen Finger bohren?
Warum darf ich's aber nicht?
Warum habe ich die Pflicht,
einem Musterkind zu gleichen
Fragezeichen

S. 51:

RUDOLF BAUMBACH: Der Holzwurm

Der bunte Finke baut sein Nest
dem schönsten Waldbaum ins Geäst.
„Am Ersten soll die Hochzeit sein.
Der Baum ist mein!"
Da kommt ein Mann im Jägerkleid
und misst den Baum, wie hoch, wie breit,
und gräbt dem Stamm ein Zeichen ein.
„Der Baum ist mein."
Ein kleiner Wurm, man sieht ihn kaum,
guckt mit dem Köpflein aus dem Baum
und lacht und spricht ganz leise:
„Nein, der Baum ist mein."

Lösung von Aufgabe 5a, S. 102: stark; Lösung von Aufgabe 2a, Seite 112: 24;
Lösung von Aufgabe 4, S. 132: Frühstück.